華北の万人坑と中国人強制連行

日本の侵略加害の現場を訪ねる

青木 茂
AOKI Sigeru

花伝社

まえがき

現在の日本で話題にされる中国人強制連行・強制労働のほとんどは、アジア太平洋戦争の末期に日本国内（内地）に強制連行されてきた約四万人の中国人に関する強制連行・強制労働のことである。しかし、日本国内に比べると被害規模が桁違い（三桁違い！）に大きい中国本土（大陸）における中国人強制連行・強制労働は日本ではほとんど知られておらず、日本で話題にされることもほとんどないのだと思う。

その中国本土における強制労働被害者の数は、「満州国」として日本が占領支配した東北（地方）で一六四〇万人、「満州国」と「国境」を接する華北（地方）では二〇〇〇万人にもなり、日本国内に強制連行された四万人（三万八九三五人）と比べれば正に桁違いである。

さて、中国本土における強制連行・強制労働のうち、東北（「満州国」）の実態については、その一端をこれまでに拙著三冊(注)で紹介してきた。その中で示しているように、「満州国」内の鉱山や土建工事現場などにおける強制連行・強制労働の実態は過酷かつ凄惨で、過労と飢えによる衰弱が主要な原因となり、あらゆる現場（事業所）で多数の強制労働被害者が死亡した。その中には、強制労働被害者の八割とか九割もが死亡する現場（事業所）も数多く存在している。そして、強制労働により死亡した膨大な数の犠牲者の遺体をまとめて捨てた「人捨て場」は、東北各地のいたるところに二一世紀の今も数えきれないほど現存している。その中には、捨てられた犠牲者の数が万の単位になる「人捨て場」も数多く残されていて、それらを含めた「人捨て場」を中国人は万人坑《まんにんこう》と呼んでいる。

そして本書では、「満州国」として日本に占領支配された東北より被害規模が大きい華北における中国人強制連行・強制労働について初めて紹介する。

その華北は、アジア太平洋戦争を遂行するための「戦力の培養補給の基地」だと日本が位置付けた地域であり、資源や食料や労働力の供給源と位置付けた華北に対する日本の支配は過酷で、鉱山や土建工事現場などで強制労働を強いられた中国人は二〇〇〇万人にもなる。さらに、華北内で強制労働させられた二〇〇〇万人とは別に、東北など中国各地や日本に一〇〇〇万人が労働力として強制連行されている。そのうち七八〇万人は東北（「満州国」）に連行されている。つまり、「満州国」で強制労働を強いられた一六四〇万人のうち約半数は華北から連行されてきた中国人だ。また、日本国内（内地）に強制連行された三万八九三五人のうち三万五七七八人は華北から連行されてきた中国人だ。

本書で紹介する華北における強制連行と強制労働の実態は、被害全体から見れば巨大な氷山の一角にもならないが、華北における強制連行・強制労働の一端を少しでも理解してもらえれば有難い。

さて、華北を占領支配し「戦力の培養補給の基地」とするため、八路軍などの抗日組織と住民を分断することが必要であり、そのため、辺鄙な農村を含む各地に日本軍は部隊を分散配置し、住民に対し苛烈な暴力支配を行なった、その中で、女性に対する性暴力犯罪も横行する。そのような、華北における日本軍の占領支配の実態を具体的に知るため、山西省盂県《うけん》の性暴力被害者を私は二度訪ねた。その訪中記録を補足編として本書に収録するので、日本軍による華北支配の実態を知るための一つの参考にしていただければと思う。

それでは、万人坑など華北に現存する日本の侵略加害の現場を訪ねる旅にいっしょにでかけましょう。

（注）『二一世紀の中国の旅——偽満州国に日本侵略の跡を訪ねる』日本僑報社、二〇〇七年
『万人坑を訪ねる——満州国の万人坑と中国人強制連行』緑風出版、二〇一三年
『日本の中国侵略の現場を歩く——撫順・南京・ソ満国境の旅』花伝社、二〇一五年

華北の万人坑と中国人強制連行――日本の侵略加害の現場を訪ねる◆目次

まえがき　1

華北の万人坑を訪ねる……11

補足編1　晩秋の黄土高原を訪ねる……171

補足編2　山西省再訪　早春の黄土高原を訪ねる……206

あとがき　245

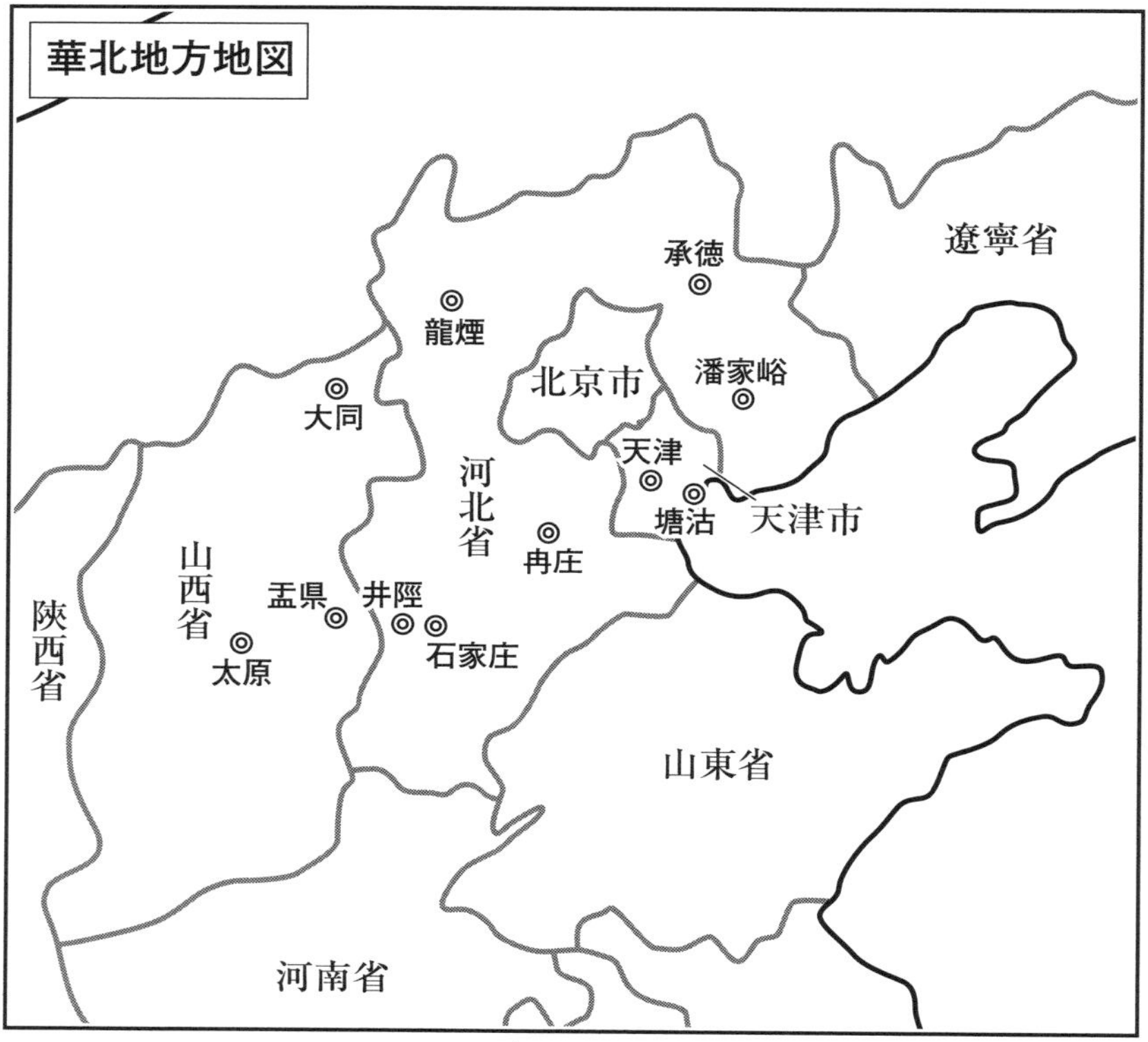
華北地方地図
遼寧省
承徳
龍煙
北京市
潘家峪
大同
天津
河北省
塘沽
天津市
冉庄
山西省
盂県
井陘
陝西省
太原
石家庄
山東省
河南省

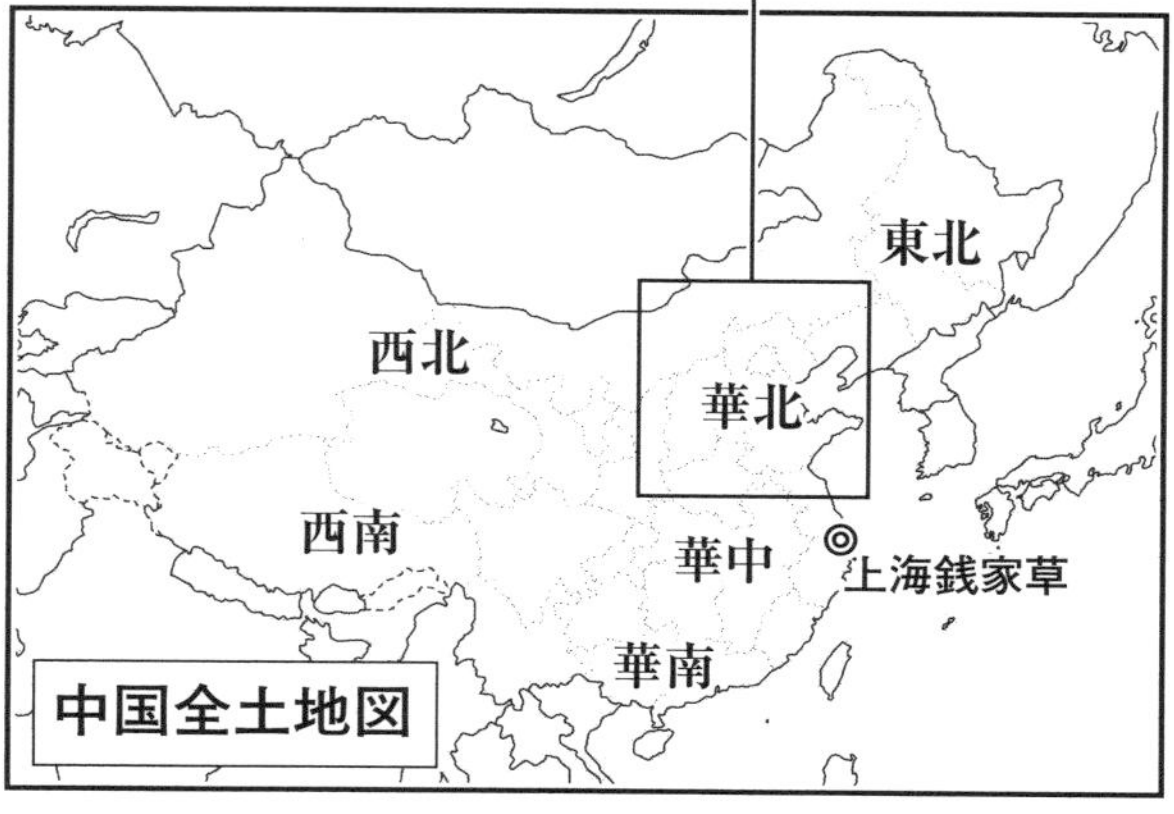
東北
西北
華北
西南
華中
上海銭家草
華南
中国全土地図

華北の万人坑を訪ねる

序章　「万人坑を知る旅」訪中団

日本の中国侵略で犠牲になった中国人の遺体（遺骨）が捨て（埋め）られている「人捨て場」が中国各地のいたるところに現存している。その人捨て場を中国人は「万人坑《まんにんこう》」と呼んでいるが、万人坑に捨てられた犠牲者の多くは、炭鉱や鉄鉱などの鉱山あるいは軍事基地やダムなどの建設現場で強制労働させられ、主に過労と飢えで命を奪われた中国人たちだ。

その万人坑を訪ね日本の中国侵略の実態を確認するため、関西地方のとある旅行会社に勤める野津加代子さんは「万人坑を知る旅」訪中団を組織し、二〇〇九年から二〇一二年まで毎年中国東北地方（かつての「満州国」）を訪ね、東北各地に現存する万人坑を確認してきた。「万人坑を知る旅」訪中団がこれまでに訪ねたのは、二〇〇九年の第一回が東北地方南部の遼寧省、二〇一〇年の第二回は東北地方中部の吉林省、二〇一一年の第三回は東北地方北部の黒龍江省、二〇一二年の第四回は東北地方西部の内蒙古自治区と黒龍江省のロシア（ソ連）国境地帯だ。

こうして、日本が傀儡《かいらい》国家「満州国」をでっちあげ占領支配した東北地方に現存する万人坑を四回の訪中団で確認してきたので(注一)(注二)、次の二〇一三年は、「満州国」の南側に隣接する華北の万人坑を訪ね、日本が華北で犯した侵略犯罪の一端を確認しようということになり、第五回「万人坑を知る旅」訪中団が組織された。

華北へ

第五回「万人坑を知る旅」訪中団に参加する八名は二〇一三年九月二三日の昼に関西空港に集合し、午後一時四〇分発の中国東方航空MU五一六便で上海に向けて出発した。そして、二時間ほどで上海浦東空港に到着し中国への入国手続きを済ませ、午後五時二〇分（これ以降は中国時間）上海浦東空港発の中国東方航空MU五二四七便で山西省の大同に向けて出発した。

上海は、雲が少し浮かんではいるものの青空が広がる天候だったが、大同に向かう途中で中国の大地は厚い雲海に覆われる。その雲海に沈む真っ赤な夕陽をながめながら雲海の上で夜を迎え、大同空港には午後八時前に到着する。北京の自宅から大同に向かっていた李秉剛《リビンガン》さんは私たちより先に大同空港に到着していて、ロビーで再会する。

李秉剛《リビンガン》さんは、この日から私たちに同行し万人坑などを案内してくれる歴史研究者だが、李秉剛さんの経歴をここで簡単に紹介しておこう。李さんは一九四八年生れ。一九七五年に遼寧大学歴史学部を卒業。一九八〇年に『東北抗日連軍闘争史』の編集に参加してからは東北地方史の研究に没頭し、中国社会科学院中日歴史研究センターで「日本の中国東北地方労働者酷使の調査」を主宰した。そして、遼寧政治経済学院教授・中国共産党遼寧省委員会幹部学校教授などを歴任し、数年前に定年で退職したあとは北京で暮らしている。主著に、『万人坑を知る—日本が中国を侵略した史跡（注三）』・『私は地獄へ行ってきた—中国東北部、旧日本軍占領地区の生存労工の記憶（注四）（注五）』・『日本在東北奴役労工調査研究（注六）』・『遼寧人民抗日闘争簡史（注七）』・『日本による中国侵略期間中の遼寧省の万人坑調査』などがある。

　李さんは、二〇〇九年の第一回と二〇一〇年の第二回の「万人坑を知る旅」訪中団に同行してくれていて、今回が、李さんが同行してくれる三回目の「万人坑を知る旅」になる。ついでに補足しておくと、二〇一一年の第三回と二〇一二年の第四回の「万人坑を知る旅」訪中団に同行してくれた宋吉慶《ソンジーチン》さんを紹介してくれたのも李さんだ。宋吉慶さんは東寧県文物管理所・所長を二〇〇九年に定年退職したあと、ハルピン市社会科学院七三一研究所に特聘研究員として招聘され歴史研究を続けている学者で、李さんの盟友だ。

　さて、大同空港で李秉剛さんとガイド兼通訳の張鉄民《ジャンティエミン》さんと合流した私たちは、午後八時頃には大型観光バスに乗り、大同市内にあるホテル・大同賓館に向かう。バスの運転手は張珍会《ジャンジェンフィ》さんで、この日から延々二四〇〇キロの道中を一人で運転してくれることになる。空港からホテルまではそれほど遠くなく、午後九時にはホテルの部屋に入り一息つくことができた。そのあと、ビールや飲料水などを買うため散歩がてら市街に出ると、公園などで大勢の人が踊ったり歌ったりして夜の時間を楽しんでいる。

第一章　大同炭鉱万人坑

訪中二日目の九月二四日は、大同市内にあるホテルを八時三〇分に出発し、大同市の南西に位置する大同炭鉱に向かう。私たち訪中団八名に同行してくれるのは、河北省の石家庄を訪ねる九月二九日まで解説役を務めてくれる李秉剛さんと、同じく石家庄までガイドと通訳を務めてくれる張鉄民さんと運転手の張珍会さんの他に、大同だけを専門に案内してくれる郝勇《かくゆう》さんを加えた四名だ。

ここで、大同炭鉱に向かうバス車中で郝勇さんが大同についていろいろと説明してくれたことの一部をまとめておこう。大同は、山西省の省都・太原から三〇〇キロほど北方にある町で人口は三〇〇万人、山西省では太原の次に大きい町だ。海抜一〇〇〇メートルの地にあり、冬は零下二〇度くらいまで冷える。年間降雨量は三〇〇ミリで、雨が少なく山に樹木は生えず、石や岩がゴロゴロしている山が多い。

大同鉱務局が管理する大同炭鉱は、石炭の品質が高く埋蔵量も多い中国でも有名な炭田で、中国の石炭生産量の三分の一を担い、大同に住む三〇〇万人のうち一〇〇万人が石炭関係の仕事に従事している。地元で産出する石炭を用いる大同第一火力発電所は大同で一番古い発電所、また、大同第二火力発電所は中国で一番大きい発電所であり、首都・北京で消費する電力の三分の一は大同のこれらの発電所から供給される。大同は、石炭関連の産業で潤う豊かな町だ。

そして、九時一〇分過ぎに、大同市郊外の山間地にある大同炭鉱万人坑遺跡記念館に到着する。大同市街から四〇分ほどの距離だ。

大同炭鉱万人坑遺跡記念館

大同炭鉱万人坑遺跡記念館は大同市鉱区煤峪口《ばいよくこう》南溝に開設されていて、記念館の周りにある炭鉱は今も操業を続けている。その記念館の歴史をここで簡単に確認しておこう。

煤峪口《ばいよくこう》万人坑が初めて一般に公開されたのは一九六三年八月のことだ。そして、一九六五年五月には大同炭鉱階級教育館が開設され、その時代と次の時代の国内外の人々に白骨累々の万人坑を認知させ犠牲者を哀悼する記念の地・教育基地とされた。その後、一九六六年一二月に教育館を一旦閉館し、万人坑の発掘と調査が進められる。この間に教育館は拡張され、一九六九年一二月一日に新教育館として竣工し再び公開される。一九八四年一月四日に大同炭鉱階級教育館から大同鉱務局展覧館に名称が変わる。

二〇〇五年一月四日に中央政治局常務委員会が万人坑の保全などについて指示を出し、大同炭鉱万人坑は全国三〇カ所の紅色旅遊地（革命的教育施設）の一つに指定され、山西省共産党委員会宣伝部の担当で遺骨の保護と紅色旅遊地としての整備が開始される。さらに、二〇〇五年一一月二〇日に第三群全国愛国主義教育模範基地、二〇〇六年五月二五日に第六群全国重点文物保護単位に指定され、展覧館（記念館）を中心とする保護範囲は、東は煤峪口砿建新街まで、西は六道溝半山腰まで、南は六道溝まで、北は大同市南郊区小《しょう》煤窑《ばいよう》までとなる。

そして、二〇〇八年一二月一九日に新記念館が竣工し、大同鉱務局展覧館から大同炭鉱万人坑遺跡記念館に改変される。五〇〇〇万元（約一〇億円）を投入し、それまでの簡素な記念館（展覧館）に替わり建設された新記念館の敷地面積は三三万七〇〇〇平方メートル、展示館の建築面積は三五〇〇平方メートル、展示館の参観通路は長さ六四五メートルになり、写真四〇〇余点、文物史料一〇〇余件、重要な場面を再現する数多くの立体模型や大型彫像などが展示されている。これらにより、日本が大同炭鉱を占領支配した歴史を明らかにしている。

真新しい記念館は、入口の門から展示館や事務棟に至るまで近代的で斬新な造りで、その雰囲気は、都会にある近代的な美術館というように想像してもらえればよいと思う。そして記念館には、小中学生の見学も含め毎年一万人以上が来館する。日本人の来館は毎年三十数名ほどだったが、新記念館完成後は年に六〇人から七〇人が来館するとのことだ。

日本による大同炭鉱占領支配と万人坑

大同炭鉱万人坑遺跡記念館は、都会にある近代的な美術館を想わせる斬新な造りだが、そこで明らかにされる歴史は重い。記念館の展示を見ながら李さんと郝さんから受けた説明(注三)(注八)や、記念館で入手した資料(注九)(注一〇)などから大同炭鉱と万人坑の歴史を見ておこう。

（二）大同の石炭資源を狙う日本の陰謀

①石炭資源調査

日露戦争後の一九〇五年に、長春から旅順までの鉄道およびその沿線に属する利権や炭鉱を日本はロシアから奪い、この鉄道と撫順炭鉱を経営するため一九〇六年一一月に南満州鉄道株式会社（以後は満鉄と略称）を設立する。満鉄は、表向きには、日本が大連に設置した鉄道運輸会社だが、実際は、満鉄が経営する地区の行政権を掌握して日本の国策を執行し中国東北の植民地支配を推進する機関である。満鉄は、鉄道と炭鉱の経営およびさまざまな調査活動に全力を挙げるとともに、対中国侵略戦争を遂行する日本軍国主義に積極的に協力する。そして、満鉄の事業に日本軍が帯同し付き従った。

一九一八年八月から一二月にかけて山西省・察哈爾《チャハル》省・帰綏《きすい》特別行政区の各地で炭鉱の調査が行なわれ、大同炭鉱については『山西省大同炭田調査報告』が作成された。この調査報告で、大同炭鉱の地勢・地質構造・石炭層および石炭の埋蔵量、七七カ所の小炭鉱の種類と位置、採掘開始時期・経営状況・運輸経路・販売価格を詳細に記述している。これは、日本で最も早い山西および大同炭鉱資源の調査報告であり、大同炭鉱の石炭は品質が高く石炭層が浅い上に埋蔵量が豊富であることや、古くから小さな炭鉱がたくさんあり採鉱されていることなどを示している。この報告が、日本が大同炭鉱資源を狙う重要な根拠になり、略奪の準備を進めさせた。

その後も、大勢の日本の専門家が華北地区の石炭資源について埋蔵量や地質状況を調査し、生産・輸送・販売についても調査・研究を膨大に行なっている。そのうち大同炭鉱については、閻錫山と晋北鉱務局を利用し、一九二〇年代から三〇年代の初めにかけて参観・視察・訪問などという名目で大同地区で日本は常に活動し、長時間におよぶ秘密調査を行ない、大量の地質資料を盗み出すなどしている。

さて、大同では、一九二〇年代から炭鉱経営の熱気が興り、地主・商人・官僚や軍閥が次々に炭鉱に投資し事業を始めていて、大同地区で石炭を採掘する会社や私人名義の炭鉱経営者は一九二四年には既に四七以上あった。採炭会社のうち、規模が比較的大きく新しい技術を用いて機械化を進め採鉱しているのは大同保晋分公司・晋北鉱務局・同宝公司・宝恒公司の四組織であり、当時は四大石炭会社と呼ばれた。この他の小さな会社の多くは従来のままのやり方を踏襲し採掘を行なっていた。平綏《へいすい》鉄道の大同口泉支線の開通後は、大同産石炭の日本への販売を始めるなど、当時の大同炭鉱は既に一定の規模に達していた。

大同炭鉱を調査した後で作成された報告書の中で、「華北は大東亜共栄圏内の戦争資源の中核地帯である」、「大同炭鉱に対する期待は甚大である」と日本は指摘している。そして、大同炭鉱は「東亜の熱源」・「大東亜共栄圏の重要な燃料基地」だと少しも隠さず評価している。これらの調査結果に基づき満鉄は、大同炭鉱の略奪が華北産業開発の中心目標であると判断する。

②略奪計画策定

満鉄は、大同炭鉱略奪計画を確定するため、石炭の埋蔵量などを一九三七年に二回調査し、『山西省大同炭鉱北東部地区調査報告』と『華北鉱山調査報告』をそれぞれ作成する。その報告書の中で満鉄調査部は、「山西省の石炭埋蔵量は一二七三億トン。これは天文学的数字である」、「昭和一三年（西暦一九三八年）に一二〇〇万トンの石炭が日本で不足する。しかし、撫順炭の対日輸出は今後一〇年間は毎年三〇〇万トンに止どまる。新邱炭《しんきゅう》は、諸条件が良い状況でも毎年の輸出は二〇〇万トンを超えない。このため、この二つの炭鉱では日本の需要を満たすことはどうしてもできない」と記している。そして大同炭鉱は、日本が最も必要とする略奪目標になる。

また、一九三二年の平頂山事件に関わり、後に撫順炭鉱所長と大同炭鉱理事を歴任する久保孚《くぼとおる》は、『北支那鉱業開発計画案』の中で次のように記している。「華北炭を支配することは中国の石炭を支配することである。さらに、他の産業を支配するのと同じであり、深遠な意義が存在する。日本の世界経済計画を完成させ大きな成果を生むため華北炭は日本にとって必要不可欠である。さらに、華北の炭鉱の中で大同は最も有用な炭鉱の一つであり、国家の使命を担う役割は重大である」。

こうして日本は大同炭鉱資源の略奪を「国策使命」と位置付け、日本国内の石炭需要がどんどん増え中国侵略が拡大する中で計画を何度も練り直し、大同炭鉱資源の略奪を常に準備していた。

(二) 大同占領と炭鉱支配

一九三七年七月七日の盧溝橋事件を口実に中国全土への侵略を日本は公然と始め、それからわずか二カ月後の九月上旬には日本軍が二手に分かれて山西省北部に侵入し、山西省北部の軍事拠点である大同を九月一三日に占領する。それからわずか二〇日間で大同地区の十余の県城を全て日本軍の支配下に収め、各県に日本軍を駐屯させ軍事支配を確立する。

大同地区を占領し、一〇月一五日には早くも晋北自治政府をでっち上げた日本は、日・満・支経済共同体を設立し、大同地区の経済と資源の大規模略奪を開始する。大同炭鉱は蒙疆《もうきょう》政府の管轄とされ、蒙疆政府と日本軍と満鉄の三者が話し合い、大同炭鉱の経営を満鉄に委託することが一九三八年二月一一日に決定された。

(三) 大増産と労工の強制連行

①生産規模拡大

大同炭鉱の経営を委託された満鉄は、各種の管理要員三一七名を撫順炭鉱から派遣し、大同地区にもともとあった炭鉱の生産を回復させることから始めることにする。そして、晋北鉱務局の永定庄鉱と煤峪口鉱《ばいよくこうこう》、保晋分公司の忻州窑鉱《きんしゅうようこう》をまず再開することに決め、もともと大同地区にいた鉱工(労工)を編成し直して採炭を開始する。

その後は、一九三八年の早い時期までに、各地でだましたり捕まえたりして五五〇〇名余の労工を集め、もともとあった炭鉱を利用し生産設備を大幅に拡充して生産能力を高め、石炭増産計画を着実に実行する。それ以降も色々な手段を駆使し労工確保が続けられる。

また、華北開発公司が出資し、もともと閻錫山が敷設した大同から太原に至る狭軌鉄道を広軌鉄道に改造して輸送量を増加させ、大同炭鉱の石炭の搬出手段を確保する。さらに、一九三八年五月に蒙疆電業株式会社が岩嶺坑口発電所を建設し、当時の永定庄坑・裕豊坑・保晋坑などの炭鉱の排水・通風・照明などの問題が解決され、石炭の略奪が加速する。一九三九年には、当時の蒙疆地区で最大の平旺発電所が建設される。

このように日本侵略者は追加投資を絶え間なく続け、鉄道の増強や発電所の建設を進めるのと同時に既存の炭鉱の拡張と新たな炭鉱の開削を進め、工場を建設し、略奪の足並みを早めた。その結果、石炭の産出量は、一九三八年の八七万トンから一九四一年には二二一万トンに増える。また、平旺に建設された火薬製造工場で黒色火薬と硝銨（硝酸アンモニウム）火薬の生産が始まり、撫順炭鉱で生産される火薬にとって代わる。

一九四二年には、永定庄・裕豊坑（煤峪口）・保晋坑（忻州窑）・同家梁・国宝坑（白洞坑）・宝蔵坑（四老溝鉱）・白土窑・昭和坑の八大炭鉱と数十カ所の小炭鉱を占領し、大同の炭鉱は大小含め全てが日本に支配された。

②強制連行で労工確保

一九三九年初めに日本は蒙疆産業開発三年計画を開始し、蒙疆地区の石炭や鉄鉱石など資源の大規模な略奪を始める。この三年計画に従い、大同炭鉱の生産規模も絶え間なく拡大される。そして、年々増加する生産計画を達成するため、炭鉱などには安価な労働力が大量に必要になる。そこで、蒙疆労働統治委員会・晋北労工公会・蒙疆労工協会・華北労工協会など労工を集める機関が華北方面軍の主導の下で次々に作られる。

そのうち華北労工協会は、華北方面軍が中心になって画策し一九四一年七月八日に設立された。華北労工協会は、労工収容所・労工集中営・労工訓練所を各地に開設し、蒙疆から華北に至る地区でさまざまな手段を用いて労工を集める。

例えば、甘言でだまして労工を募集するとき、道路や建物の建設などを名目にし、おいしい食事と良好な住居などの好待遇を与えるなどと宣伝する。労工を募集する広告には、「金を儲けよう」「財と富を手に入れよう」などと書かれた。こうして嘘で誘惑し、山西・山東・河南・河北・江蘇《こうそ》・安徽《あんき》・北平・天津などで農民や失業者をだまして集めた。一旦「募集」に応じてしまうと応募者は自由を失なう。

また、占領区で普通の農民を捕まえたり解放区で掃蕩や討伐を行ない、五〇歳を超える高齢者から一二歳か一三歳の子どもまで捕まえて連行した。さらに、強制収容所や監獄に収監している捕虜や愛国者（日本にとっては「犯罪者」）を労工として徴用した。

捕まえた中国人を護送する時は日本軍と警察が監視し、縄で数珠つなぎにされた中国人は労工収容所あるいは労工集中営から有蓋車（屋根付き貨車）に押し込まれ、満州や蒙疆などに送られた。

当時、北京事務所の招工課（労工募集課）で通訳を担当していた周仲起は次のように回想する。北京事務所は、大同炭鉱が北京に開設した労工募集の大本営である。済南・青島・唐山・新郷・開封・徐州・保定などに出張所つまり労工募集事務所を設置し、だまして集めた中国人が各地から北京に連行されてくると、登録や写真撮影など諸手続きを済ませ、それからまとめて労工として大同炭鉱に送った。

太平洋戦争勃発後、一層深刻になる労働力不足に対処するため、華北労工協会が取り仕切り、地方政権を利用して各地区に徴用人員を強制的に割り当て分担させる強制徴用制を実施する。例えば、当時の晋北地区の十数カ所の県と内蒙古巴蒙《はもう》地区の農村では、最初は一隊三〇〇〇人、期間は三カ月という規定で「勤労報国隊」や「挺身報国隊」を組織して鉱山に連行され、義務としての労役に服した。しかし、労働力の根本的不足により、後に一隊六〇〇〇人、期間は六カ月に増員・延長される。その上、強制的に徴用されたこれらの農民たちは、満期を迎える前に多くが炭鉱などで命を失くし、万人坑に捨てられることになる。

③大同炭鉱株式会社の誕生

日本が大同炭鉱を占領したあと、臨時経営者として満鉄が大同炭鉱を管理し経営する。しかし、日本国内では、大同炭鉱の経営に対し意見の相違が常にあり、大同炭鉱という巨富の塊を日本国内の大資本集団はいずれも虎視眈々と狙った。これに対し日本政府は態度を決めかねた。そのため、日本軍部と満鉄と蒙疆政府が幾度も協議を重ね、そして日本政府の承認を取り付け、満鉄と華北開発公司と蒙疆政府が出資する大同炭鉱株式会社が一九四〇年一月一〇日に誕生する。こうして、大同炭鉱を満鉄が臨時に経営する局面が終わる。

大同炭鉱株式会社は理事会（取締役会）の下に総務部・労務部・経理部・鉱務部と張家口支社・企画委員会・監査役室を設置し、組織機構として部・処・科の三段階管理を採用する。そして、各々の部長・処長・科長は全て日本人が就任した。

こうして大同炭鉱は蒙疆政府の管轄下に組み入れられるが、蒙疆政府には内蒙古連盟・察南・晋北という三つの自治政府が含まれ、その実態は、日本の支配下に置かれた傀儡政府である。日本は蒙疆を、石炭・鉄・羊毛・獣皮など資源の宝庫と位置付け、同時に「防共の第一線」と定める。太平洋戦争勃発後は、東亜大陸防衛の中心、中日満三国の要石と称した。以上のことから、蒙疆の地理的位置は、経済面・政治面だけでなく軍事面からも当時は非常に重要であったことが分かる。

（四）労工に強いられた凄惨な奴隷労働

①労工の悲惨な生活

山東・河南・河北・内蒙・安徽・江蘇など他の地区からだまされ捕らわれて山西省大同に連行されて来た農民らが収容される労工小屋は簡素な長屋で、出入口には監視楼が配置され日本兵が監視している。労工小屋の周囲は高い土塀で囲まれ、土塀の上には電気が流れる鉄条網が設置され労工の逃亡を防いだ。当時は、逃げ出すときに鉄条網に触れて死亡する労工がたくさんいた。

一棟毎に一〇〇人から一四〇人余が収容される労工小屋の広さは普通の住居の八間から九間くらいに相当し、両端に大きなオンドルが設けられている。労工の回想によると、当時オンドルの上には、掛け布団にする破れたムシロ、麻袋・セメント袋・ハトロン紙や幾つかの荷物の他に、麻袋の切れ端でレンガをくるんだ枕があった。壁面には小さな窓が幾つか並んでいるが、木の板や針金や鉄格子で封鎖されている。

小屋の中は薄暗く、空気は淀んで臭く、夏は暑くてムシムシし、ハエや蚊やナンキンムシがどこにでもいる。そして冬は寒さが厳しく、氷の窯にいるようだ。労工が着ている衣服は破れてボロボロで、寒さを防ぐことはできない。冬になると労工は足や腰に麻袋やハトロン紙を巻きつけ寒さをしのいだ。

労工の家族が住むヤオトン（窑洞—黄土高原地方に特有の、崖をくりぬいて造られた横穴式住居）の入口に扉は無く、風をさえぎり寒さをしのぐため、草で編んだ破れたすだれが吊り下げられているだけだ。

労工が食べるのは、カビが生えた豆の粉や、日本人が「興亜麺」と呼ぶ、コーリャンや黒豆や糠や落花生の皮を混ぜて作る蒸し饅頭だ。しかし、渋くてなかなか喉を通らない。そのうえ量も少なくて、十分に食べることなどはとてもできず、飢えをしのぐため労工は草（茶）の葉も食べた。

こうして労工は非人間的な生活を強いられた。

②血なまぐさい強制労働

日本は、長期間にわたり大同を占領し石炭資源を略奪するため、鉱区のあちこちにトーチカと監視所を造り、憲兵隊と鉱山警察隊を配置し、電気が流れる鉄条網を鉱区に張りめぐらせた。そして、「(労工を）殺してもかまわない」と書かれた木製の立札が立てられ、当時炭鉱に一〇〇名以上いた武装している日本の憲兵が鉱区の活動範囲の全てを監視する。

各地から連行されてきた労工は、移動や逃亡の防止と不審人物の潜入防止のため労務係で写真や指紋をまず登録される。そして、拘禁中の犯罪人と同じような生活を強いられ自由は全くない。逃走を防ぐため、電気を流す鉄条網で囲まれる労工小屋に収容され、憲兵や鉱山警察隊に日夜監視される。作業現場への毎日の行き帰りは、常に把頭《バートウ》（頭目）が前から率い、鉱山警察隊が後ろから監視し護送する。

炭鉱坑内では把頭《バートウ》（頭目）や現場監督が目を光らせ、鉱山警察隊の銃剣や把頭の棍棒などの暴力による監視下で、毎日一二時間さらにしばしば一四時間から一五時間にもおよぶ厳しい作業を労工は強いられる。また、「努力出炭日」には二〇時間連続作業を強制される。もし労工が少しでも話を聞かなかったり反抗したりすると、木槌（金槌）でたたかれたり鞭で打たれたりした。強く反抗する者は尋問所に送られ酷い刑を受け、最後にはシェパード犬に食い殺されるか打ち殺される。

また、生産を最優先し安全を無視するため事故が頻繁に発生し、労工の高い死亡率の一因となった。

大同炭鉱の労工

労工が石炭を背負い、今まさに貨車に積み込んでいる（李秉剛氏提供写真）。

③残虐きわまりない虐待

大同炭鉱で労工として強制労働させられた人は一九九〇年までに全員が亡くなったが、労工たちのそれまでの証言から、当時の具体的な状況を幾つか確認しておこう。

一九三八年の清明節の前日に、煤峪口炭坑九号の作業現場で出水の兆候があった。そのため、作業を中止するよう労工は何度も要求したが日本人監督者は聞き入れず、一二〇名を立て坑に入れた。それから間もなく出水し出口が封じられる。坑外にいた労工は水を排出しようとするが、日本人は作業をさせなかった。水が引いてから被害者の収容が行なわれたが、生存者は八人しかいなかった。

一九四〇年のある日、保晋坑の一人の労工が奴隷労働に我慢できなくなり逃亡する。しかし、日本人憲兵に捕まり連れ戻され、柱に縛り付けられる。そこに、大川という日本人が犬を連れてきて、この労工を生きたまま犬に食べさせた。

一九四一年一二月八日にアメリカとイギリスに日本が宣戦布告した後は一層厳しい情況に日本全体が追い込まれ、大同炭鉱の労工が置かれる情況も最悪になる。一九四二年のある日、一人の労工が坑内で負傷した。すると、日本の鉱山警察隊はこの労工を火薬箱の中に生きたまま閉じ込め、万人坑に捨ててしまった。一九四三年のある日、河北曲陽の労工・李小二が病気になると、鉱山警察隊に水の中に放り込まれ溺死させられた。

一九四一年末から一九四三年にかけて各地の炭鉱の情況は最悪となり、伝染病が発生する期間もこの時期に重なり、炭鉱で死亡する労工の人数が集中する。

大同炭鉱でも、一九四二年から一九四三年にかけて重い伝染病が流行し大勢の労工が死亡する。死体は人捨て場で焼却されるが、病気になった労工の一部は生きたまま「焼人場」（人間を焼く炉）に投げ込まれ焼き殺された。忻州窑南山《きんしゅうよう》の人焼き場は半月の間ずっと死体を焼き続けた。一九六七年に忻州窑南山で掘り出された二個の木箱には骨灰が詰め込まれていた。

④労工の反抗と闘争

日本による残忍な虐待や劣悪な生活条件に我慢できない労工たちは、こっそりと仕事をさぼり、工具を壊し設備を破壊し現場で事故をでっち上げ生産を止めた。地下の共産党組織の指導の下でストライキを行ない集団で逃走し、さらには橋や発電所を爆破し火薬庫を爆発させるなどして日本に対し反虐待・反圧迫の闘争を繰りひろげた。

(五) 万人坑に残された累々たる白骨

大同炭鉱は、一九三七年一〇月から一九四五年八月まで八年間にわたり、「人を石炭に換える」という日本の血なまぐさい方針に基づく占領支配下におかれ、石炭一四〇〇万トンを略奪された。この間、労工は、劣悪な生活条件と非人間的な労働環境の下で過酷な労働を強いられ、過労と飢えによる衰弱のため多数が死亡する。また、伝染病の流行などにより病気で死亡する労工も大勢いる。さらに、安全無視の危険な作業現場で頻繁に発生する事故により死亡する労工もたくさんいる。そして、八年間にわたる日本の支配下で六万人余の労工が死亡した。石炭二三〇トン毎に一人の命が奪われたことになる。

このような大同炭鉱占領下の八年間の実態を示す事例を、断片的ではあるが幾つか確認しておこう。例えば、だまされて一番早く連行されてきた河北省開平などの三〇〇人余で生き残ったのは莫会英親子の二人だけだ。一九三八年に北平から連行されて来た三〇〇人余で生き残ったのは焦宗如《しょうしゅうじょ》一人だけだ。一九三九年に河南省の自然災害地区から連行されて来た四〇〇人余で最後まで生き残ったのは永定庄の崔子才一人だけだ。一九四〇年に山西の王村から召集された四〇〇人は、再び家に帰ることは誰一人できなかった。

こうして死亡した労工や、息も絶えだえで働くことができなくなった者など六万人余は、荒れ果てた郊外・野原・川原や川辺の砂地、山地や谷間や廃棄された坑道に投げ捨てられ、炭鉱のいたるところが死人溝（人捨て場―万人坑）になり、捨てられた遺体は野犬に食い散らかされた。そして月日を経るうちに、白骨累々の万人坑が大同地区に次々に形成された。

このような大同炭鉱の惨劇は、多くの生存者の証言により社会に知られることになる。彼らは、日本が大同炭鉱の資源を略奪し労工を残虐に迫害する数々の惨劇の現場を目撃しただけでなく、その大惨禍を自身が体験させられている。生存者の中には、万人坑の中に捨てられそこから逃走した者、体罰を受け多数の傷跡を身体に残す者、肉親や家族の無残な死を目撃した者もいる。彼ら全員が悲惨な歴史を体験させられ、忘れることができない痛苦の記憶を持っている。

一九六六年一二月から一九六七年五月にかけ、国家文物局文化博物所・中国科学技術院考古所、中国科学院古脊椎動物と古人類研究所、北京自然博物館の専門家が、大同炭鉱万人坑の発掘調査と遺骨鑑定を実施する。その際に調査が行なわれ確認された数多くの万人坑のうち、規模が比較的大きいのは次の二〇カ所だ。

①煤峪口の南溝、②台山一道溝、③大水澗半溝、④忻州窑の豆角溝、⑤忻州窑の楊樹湾、⑥南山溝、⑦南山梁、⑧永定庄の后溝、⑨瓦渣溝《がさこう》、⑩大南湾、⑪同家梁の油廠溝、⑫凡水湾、⑬黄草洼、⑭白洞の后店窑溝《こうてんようこう》、

楊樹湾万人坑の遺骨

楊樹湾万人坑は、大同炭鉱で確認された中で最大規模の露天万人坑（李秉剛氏提供写真）。

⑮小店窑溝、⑯鄭家溝、⑰石人湾、⑱四老溝の城隍廟《じょうこうびょう》、⑲三井溝、⑳井溝。

このうち⑤忻州窑の楊樹湾は、大同炭鉱の当時の発掘調査で確認された中で最大規模の露天万人坑であり、専門家の一人・王玗は、万人坑発掘記録の中で次のように記している。「縦二〇メートル・横二〇メートルの、表土を取り除いた山間地のわずかな砂地に、あちこち乱雑に幾層にも積み重ねられた数百体もの遺骨がはっきり見える。その密度の高さに驚愕させられる」。また、楊樹湾の傾斜地には他にも二カ所の万人坑があったと生存労工が証言している。

発掘現場を調査し遺骨を鑑定し写真を撮影したあと、遺骨を保護するため楊樹湾の発掘現場は再び埋め戻された。しかし、この時、発掘地点の位置を正確に具体的に記録しておかなかったので、当時再び埋め戻された楊樹湾万人坑を探し当てることが今はできなくなっている。

このように、大同炭鉱で最大規模の楊樹湾万人坑がきちんと保存されなかったのと同じように、荒れ果てた郊外や山間地にある他の多くの万人坑もきちんと保存されることはなかった。これらの万人坑内の遺骨は長年の風化や腐食を受け、大量の遺骨が折り重なる当時の情況をもはや留めていない。そのため、大同炭鉱万人坑遺跡記念館に現在残されている万人坑の写真は、ほとんどが一九六〇年代中期の調査で撮影されたものだ。それらの写真のう

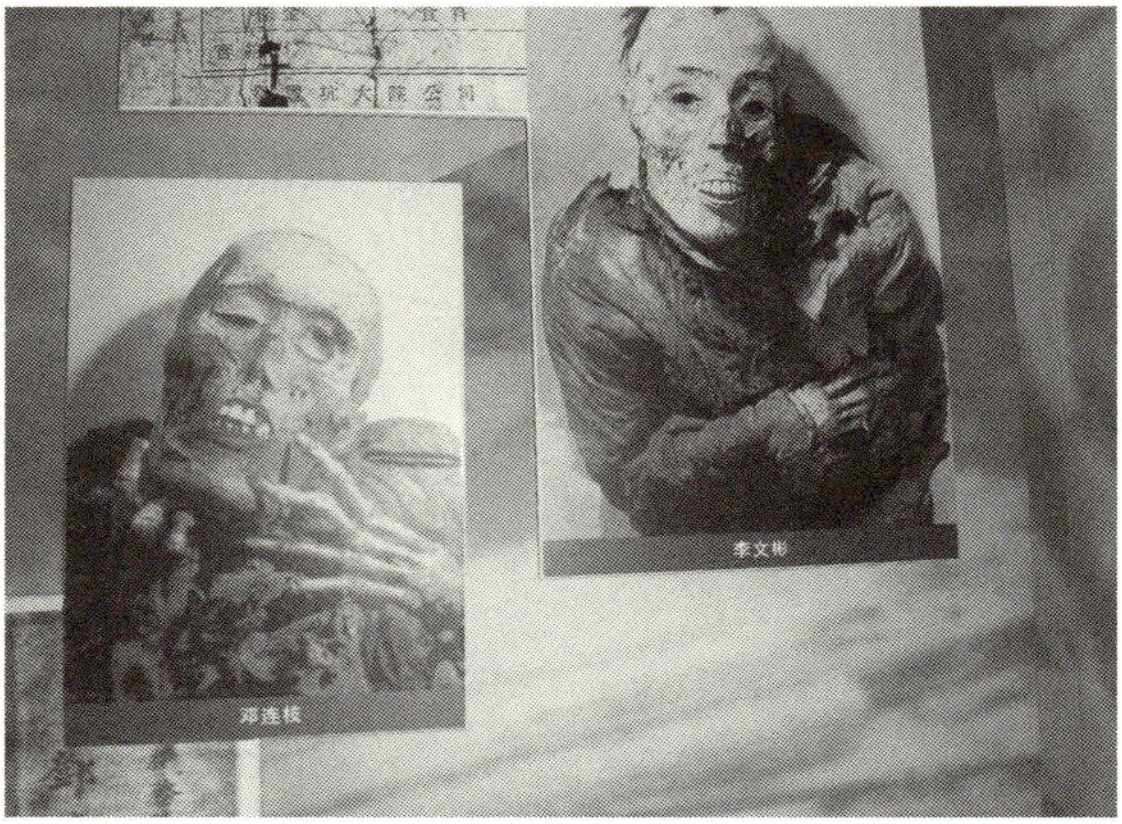

ミイラ化した犠牲者（展示写真）

鄧連枝さん（左）と李文彬さん（右）は、身に着けていた持物から名前が確認された。

ち、白洞の老爺廟万人坑、同家梁の黄草洼万人坑、四老溝万人坑、忻州窑楊樹湾の排埋坑、永定庄の大南湾万人坑などの写真に犠牲者の遺骨が写っている。

一方、坑道内の風通しが比較的良好で湿度も適当であるというその特殊な自然条件により今も完全に保存され、大同炭鉱万人坑遺跡記念館が開設され現在一般に公開されているのが煤峪口南溝万人坑だ。煤峪口炭坑南溝の北の山腹にある廃坑跡の洞窟に形成された煤峪口南溝万人坑の上の洞窟は幅六メートルから七メートルで深さ四〇メートル、下の洞窟は幅四メートルから五メートルで深さ七〇メートル。この二つの洞窟に、もがいている者、腕の傷を撫でている者、上へ這うような姿勢の者など、生きているうちに捨てられたと思われる者を含め多数の遺体と遺骨が残されている。そのミイラ化した完全な遺体と白骨が累々と折り重なる様子は凄惨で見るに忍びなく、恐怖で身の毛がよだつ。また、記念館には、一九六〇年代中期に撮影された煤峪口南溝万人坑の写真も残されている。

さて、一九六〇年代中期の調査において万人坑の遺体と遺骨を鑑定する過程で、その持物などから七名の名前が確認された。その七人は、①江蘇徐州の袁庭軒、②河北涿県《たくけん》の龔瑞海《きょうずいかい》、③江蘇大浦の李玉元、④天津の鄧連枝《とうれんし》、あとは本籍不明の⑤李文彬と⑥趙明堂と⑦何金才《かきんさい》である。

このうち①袁庭軒は、衣服のポケットから居住証とコレラ予防注射証明書が見つかり名前を特定できた。そして、一九六七年六月に担当職員が、居住証の住所である江蘇徐州市子房郷子房巷村で袁庭軒の妻と家族を探し当てることができた。担当職員は袁庭軒の妻と家族に情況を説明し、妻は職員に、袁庭軒が家からいなくなる前の情況を話した。袁庭軒を連行した徐州の労工募集所が公布した布製の労工番号証が残っている。また、②龔瑞海《きょうずいかい》も家族を探し当てることができ、龔瑞海と家族全員がいっしょに写っている写真が確認された。

あと、③李玉元は、衣服のポケットから大浦良民証と紙幣が見つかった。④鄧連枝《とうれんし》は、衣服のポケットから、名前が記された局員用腕章とバッチが見つかり、大同炭鉱に連行される前は火手（ボイラー係）をしていたことが分かった。⑤李文彬は、衣服のポケットから、裕豊坑大陸公司の印がある二月分の賃金明細票が見つかった。その明細票には、靴代・帽子代・住居費、その他不明の控除金額が記されている。⑥趙明堂と⑦何金才《かきんさい》は、夫々遺体（遺骨）から身分証が見つかった。

（六）歴史を記憶し平和を守る

一九六三年に大同炭鉱は「三史」教育を始め、ほどなく階級教育館を開設し、日本が炭鉱資源を略奪し労工を迫害した歴史を白骨累々の万人坑により人々に理解させる教育基地となった。それから四〇年以上にわたり大同炭鉱階級教育館（万人坑遺跡記念館）は五〇〇万人余の参観者を受け入れてきた。その中には、日本の民間団体・友好社会団体・宗教組織あるいは当時の侵略戦争に関与した人たちも含まれていて、侵略を批判し反省し懺悔する感想を書き残している。

鉱山の犠牲者には、河北省張家口の龍煙（龐家保）鉄鉱や海南島の石碌鉄鉱など鉄鉱山の犠牲者もいるが、炭鉱における犠牲者が最も多い。その一つである大同炭鉱の万人坑は、日本が中国を不当に占領し石炭を略奪し中国人労工に奴隷労働を強制し迫害した歴史の動かぬ証拠であり、日本による中国に対する経済侵略の縮図でもある。累々たる白骨を直視しこの間の歴史を回顧し記録することは歴史を尊重することであり平和を大切にすることだ。

大同炭鉱万人坑遺跡記念館の展示を見ながら李秉剛さんと郝勇さんから受けた説明(注二)(注八)や、記念館で入手した資料(注九)(注一〇)などから大同炭鉱と万人坑の歴史をまとめると以上のようになる。

煤峪口南溝万人坑

記念館を出て、犠牲者の遺体が捨てられた煤峪口《ばいよくこう》南溝の廃坑に向かう途中に、敷地面積二七〇〇平方メートルの記念広場が設営されている。広場には、黒大理石で造られた長さ一〇〇メートルの壁と不規則な多面体構造の立体像が設置され、黒大理石の壁面には、大同炭鉱の惨劇を伝える年代記と著名人の言葉が刻まれている。

記念広場の先に煤峪口南溝の北山がそびえ立ち、その斜面に歩きやすい階段が設営されている。そして、記念広場から標高差で五〇メートルくらい北山の斜面を登ったところに二番目の広場がある。その広場の正面（山側）の壁面に、「犠牲になった鉱工を悼む」という言葉が大きな文字で記されていて、上洞と呼ばれる廃坑の入口がある。また、広場の床面の下（地下）に下洞と呼ばれる廃坑の入口がある。

この二番目の広場で私たちは犠牲者追悼式を行なう。「不忘悲痛之事実（悲痛の事実を忘れません）、反省・追悼・和平」と記した色紙とそれなりに立派な花束を供え、犠牲者を悼み再び侵略しないことを誓う言葉を野津喜美子さんが中国語で読み上げる。

犠牲者追悼式を終え、広場正面の壁面に作り付けられた入口を通り、その奥にある上洞に向かう。煤峪口南溝北山の標高一一七五メートルの斜面上にある上洞は、二〇世紀初頭に開削された炭鉱坑道が廃棄されて残された洞窟だ。洞窟の幅は五メートルから六メートル、深さは四〇メートル余ある。

その上洞の入口は、その奥にある洞窟を保護するため全面がガラスで仕切られていて、ガラスの仕切りから先（奥）に立ち入ることはできないが、洞窟のかなり奥の方まで確認することができる。そして、その洞窟を埋め尽くしているのは、おびただしい数の犠牲者の遺体だ。その様子を見たとたんに文字通り言葉を失う。亡くなってからまだどれほども時が経っていないように見える遺体が洞窟をびっしりと埋め尽くしているのだ。顔には、まるで生きているように表情があり、手の指から足先まで完全な姿を留める遺体が、ずっと奥まで続く洞窟を埋め尽くしている。高地の寒冷さと乾燥した大気により遺体がミイラ化したのだ。そして、ミ

煤峪口南溝の北山

正面に見える北山の中腹に「二番目の広場」がある。そこに、上洞・下洞と呼ばれる廃坑が残されている。

煤峪口南溝上洞の万人坑
高地の寒さと乾燥した大気によりミイラ化した遺体が洞窟(廃坑)を埋め尽くしている。

煤峪口南溝上洞の万人坑（拡大）
捨てられたときに着ていた服をそのまま身に着けている。

煤峪口南溝下洞の万人坑
上洞より深い（長い）下洞も、ミイラ化した遺体でびっしりと埋め尽くされている。

煤峪口南溝下洞の万人坑（拡大）
完全な姿の遺体が、ボロボロの服をまといながら「生き続けている」様子は衝撃的だ。

イラ化した遺体の多くは、捨てられたときに着ていた服をそのまま身に着けている。

大同炭鉱万人坑に捨てられた犠牲者の、顔に表情が残る遺体の写真をつい先ほど記念館で見たし、以前にもそのような写真を見たことがあるが、私はそれを、亡くなってから間もない頃の写真だと漠然と思い込んでいた。ところが実は、日本の敗戦から七〇年にもなろうとする今現在の姿なのだと今初めて理解した。

私はこれまでに二〇カ所くらい万人坑を確認してきたが、埋められた遺体は全て白骨化していた。煤峪口南溝万人坑には白骨化した遺体も少なからず混在しているが、ミイラ化し表情も鮮明に残る遺体が膨大に残されている万人坑はこの大同炭鉱で今初めて確認している。目の前にあるこの現実は信じがたい情景だ。まさに文字通り言葉を失う……。

上洞の万人坑を確認したあと、二番目の広場の地下に設営されたかなり広い部屋に入る。その部屋の端に、ガラスで仕切られる下洞の入口がある。

下洞も、二〇世紀初頭に開削された炭鉱坑道が廃棄されて残された洞窟だ。煤峪口南溝北山の標高一一五五メートルの斜面上にあり、洞窟の幅は三メートルから四メートル、深さは七〇メートル余ある。そして下洞も、まるで生きているかのように顔に表情が見える遺体でびっしりと埋め尽くされている。手の指から足先まで完全な遺体が、ボロボロの服をまといながら今日まで「生き続けている」情況は何とも衝撃的だ。

上洞と下洞の万人坑を確認したあと、山腹にある二番目の広場から改めて周囲を見渡す。煤峪口南溝と周辺の山々に背の高い樹木は無く、岩だらけの乾燥した山地に背丈の低い草がわずかに生えるだけだ。そして、記念館に至る白い新しい階段がやけに目立つ。少し先に見える平地には、背の高いビルも建ち並ぶ街並みがある。

大同炭鉱万人坑遺跡記念館と煤峪口南溝万人坑の確認を終え、一一時四〇分頃に記念館を出発し大同市街に向かう。大同市街には、かつて大同の中心部を取り囲んでいた城壁の一部が残っていて、当時の様子を再現するように城門と城壁がきちんと再建されている箇所もある。その景観を守るため城内には高い建物は建設できないとのことだ。

万人坑記念館を出てから四〇分余で大同市街にあるホテルに到着し、ホテルで昼食を食べる。地元の郝勇《かくゆう》さんが同行してくれるのはここまでだ。日本から持ってきたお土産を郝さんに渡し、感謝の気持ちを伝える。

第二章　龍煙鉄鉱万人坑

大同市街にあるホテルで昼食を済ませ、九月二四日の午後一時四〇分頃に大同市街を出発する。そして、二〇分余で高速道路に入り、大同から約二〇〇キロ離れている河北省張家口市宣化に向かう。張家口市は人口四五〇万人、そのうち中心部の宣化区の人口は四〇万人で、宣化には午後四時半頃に到着する。

宣化からは一般道を利用し、途中のひどい悪路に苦闘しながら午後六時頃にようやく龐家《ほうか》保鎮《ほちん》壩口村《はこうそん》に到着する。龍煙鉄鉱万人坑がある壩口村は、宣化から四〇キロくらい山間地に入ったところになる。李さんは二〇〇四年に乗用車に乗って龍煙鉄鉱万人坑に来たことがあるが、こんなに遠い所だとは思わなかったとのことだ。

龍煙鉄鉱肉丘墳万人坑記念館

龐家《ほうか》保鎮《ほちん》壩口村《はこうそん》は、山の中にポツンポツンと民家があるという感じの小さな村のようだ。周辺のなだらかな山々はかなり乾燥しているようで、背の高い樹木はまばらにしか生えておらず、草原ばかりが広がるという感じだ。

山中の未舗装の「幹線道路」沿いに停車したバスを降り、なだらかな山道を数分歩くと、かつて鉄鉱石を運び出した鉄道の駅の跡が見える。数本の線路が並行して敷設されている、それなりに規模の大きい駅で、駅舎の建物も少し残っている。しかし、利用されなくなってから久しいようで、背の低い草で線路は覆われている。

ヤオトン（窑洞─黄土高原地域に古くからある横穴式住居）の住居跡もながめながら駅からさらに数分歩くと、土台の石垣と白いセメントの外壁に囲まれる施設が草原の中に見える。龍煙鉄鉱肉丘墳万人坑記念館だ。山道を登る私たちから最初に見えるのは記念館の裏側で、長方形の施設の四方を取り囲むセメントの外壁は高さが四メートルから五メートルくらいある。

記念館の正面に回ると入口の門があり、そこから記念館の中に入る。中央に通路が通る構内の広さは幅三〇メートル・奥行四〇メートルくらいだろう。その中央に高さ一〇メートルくらいの大きな記念碑が建立されていて、正面側に大きな文字で「階級苦をしっかり記憶し血涙の恨みを忘れない」と刻まれている。

記念碑の裏面には龍煙鉄鉱万人坑の解説文が次のように刻まれている。「龍煙鉄鉱は二〇世紀初頭に開発されたが、軍閥の宋哲元が一九三六年に日本と『華北経済条約』を結び、龍煙鉄鉱は日本に売却された。七七事変（盧溝橋事件）後、龍煙鉄鉱は日本に完全に支配される。それから八年間にわたり数万人の労工を日本は強制的に働かせ、数万トンの鉄砂を産出した。その間に多数の労工がひどい目にあわされ犠牲になる（殺された）。そして日本は、『肉丘墳』『千人地』など世界を驚愕させる『万人坑』を残した。その後、労工たちは共産党の指導の下で勇敢に闘い、一九四五年に日本の支配から鉄鉱を解放し中国人民の手に取り戻し

肉丘墳遺骨保存室

犠牲者の遺骨を埋めた区画を覆うように保存室が作られている（李秉剛氏提供写真）。

肉丘墳遺骨保存室の内部

白骨化した犠牲者の遺骨が山のように折り重なっている（李秉剛氏提供写真）。

た。解放後、労働者たちは大いに力を発揮した。階級社会がもたらした苦難や悲惨な体験を忘れないため肉丘墳に記念碑を建立する。／龍煙鉄鉱革命委員会／一九六八年八月」。

記念館構内の奥の方に、犠牲者の遺骨を埋めた区画があり、その区画を覆うように遺骨保存室が設置されている。保存室の外形は、直径五メートルほどの半球形の屋根をかぶせる形状で、正面側（記念碑側）にだけ平面の壁が設けられ、壁の上段に大きな文字で「肉丘墳」と記されている。その下部に四枚のガラス窓が備え付けられていて、ガラス窓を開けて中をのぞくことができる。遺骨保存室の中には円柱状の深い穴があり、そこに、完全に白骨化した犠牲者の遺骨が山のように折り重なっている。記念館の敷地内や周辺で収集され埋葬された遺骨の一部だ。

この遺骨保存室と記念碑以外には構内に人工の構造物は無く、地面は草でおおわれ、背の高い木が一〇本ほど立っているだけだ。しかし、李秉剛さんが二〇〇四年に龍煙鉄鉱万人坑を調査したときは、記念館に管理人は既にいなかったが、記念館構内の中央通路の両側に展示室があり、犠牲者の頭蓋骨を並べた壁ができていたとのことだ。頭蓋骨の壁も展示室も今は無くなっているが、記念館の外壁や構内は二〇〇四年当時よりもきれいになっているとのことだ。

また、肉丘墳万人坑記念館の門から見える正面の山に、労工を収容した小屋の跡が残っていて、その山の向こう側にも、労工の遺体が捨てられた万人坑があるとのことだ。二〇〇四年に李さんはそれらを現場で確認しているが、この日は既に夕闇が迫り、灯りの一つも無い山に歩いて入りそれらを確認するのは難しそうだ。

記念館構内を確認した私たちは、遺骨保存室の前で犠牲者追悼式を行なう。「不忘悲痛之事実、反省・追悼・和平」と記した色紙を供え、犠牲者を悼む言葉を野津喜美子さんが中国語で読み上げる。

追悼式を終える頃には周辺は夕闇にすっかり包まれ、遺骨保存室内に山積みにされている大量の白い遺骨も暗闇の中に完全に沈み、肉眼で確認することはもうできなくなる。

龍煙鉄鉱万人坑／龐家保鉄鉱万人坑

行き帰りのバス車中と肉丘墳記念館で李秉剛さんが説明してくれたことと、李秉剛さんの著書『万人坑を知る』(注二)などを基に龍煙鉄鉱万人坑について事実を整理しておこう。

龍煙鉄鉱は、河北省張家口市宣化区から四五キロ離れている龐《ほう》家《か》保《ほ》鎮《ちん》壩《は》口村《こうそん》の辺りにある。その付近に龍関と煙筒山があるので龍煙鉄鉱と名付けられたが、所在地名から龐家保鉄鉱とも呼ばれる。龍煙鉄鉱は一九一二年に発見され、北洋政府と商人が協力し採掘した。鉄鉱石の埋蔵量は約一・六億トンと多く、鉄の含有率は相当に高く品質が良い。

しかし、一九三七年に日本が宣化を占領し龍煙鉄鉱も支配する。そして、龍煙鉄鉱株式会社を設立し鉄鉱資源の略奪を始める。

鉱山で働かせる労工は中国人の把頭《バートウ》（親方）を使って集め、現場での労工の管理も把頭にやらせた。把頭の賃金は、例えば一〇〇人以上の労工を集めて管理すると組長として処遇され月給は七〇元、三〇〇人から五〇〇人の労工を集めて管理すると班長として処遇され月給は四〇〇元などとされた。把頭は、河南省・河北省・山東省・北平市・天津市などで、嘘をついてだまして労工を集める。「仕事は道路建設やダム工事で毎月賃金を払う。住む所は快適だ。家族もいっしょに行くなら家を与える。家族がいっしょに行かなければ、残された家族に生活手当を支給する」などと言ってだますのだ。ただでさえ生活に困窮している農民や失業者は、怪しいと思いながらも止むに止まれず応募する。そして、一旦募集に応じてしまうと自由を失う。

こうしてだまされ龍煙鉄鉱に連行された一人である王慶朝さんは次のように証言している。

故郷の飢饉を逃れるため、一九四三年に楊村鎮に行った。ある日、楊村鎮で労工が募集される。仕事はダムや道路の建設工事で米や白い麺を毎日食べれるという話に誘われ十数人が募集に応じた。すると、楊村鎮の駅に連れて行かれ、良民証を取り上げられ、小さな部屋に押し込まれる。次の日に、約六〇名の人たちといっしょに窓の無い貨物列車に乗せられ、貨車の扉は針金で閉じられ北の方に向かう。この時点で、だまされたと分かった。途中で食べ物や飲み物は与えられなかった。大小便も貨車の中でせざるを得ず、貨車の中は悪臭に満ち、さらに蒸し暑い。龍煙鉄鉱に着くと、直接長屋に連行された。

このようにして龍煙鉄鉱に連行された中国人農民らは、灌木と泥で作られた土の壁に屋根をかぶせた長屋のような夫々の小屋に、一〇〇人から二〇〇人くらいが夫々収容される。小屋の屋根には穴が開いていて風雨を防ぐことはできず、湿っぽい部屋の中を寒風が吹き抜ける。オンドルの上に布団などは何も無く、着るものは自分が持ってきた衣服しかない。

家族連れの労工は、山の裾に横穴を掘ったヤオトン（黄土高原地方に多くある横穴式住居）に入り、床に草を敷き、入口に草のゴザ（のれん）を掛ける。しかし、ヤオトン内は蚤が多く、ぐっすりとは眠れない。また、ヤオトンは崩れることもある。実際に白廟駅近くでヤオトンが崩れ、家族八人のうち七人が死亡したことがある。

鉄鉱周辺の山の上と交通の要衝の一四カ所にトーチカが設置され、日本兵が一日中鉄鉱を警備し労工の逃亡を防いだ。さらに、一〇〇人余の鉱山警察隊が労工の行動を監視する。労工たちが少しでも反抗すると、酷く殴られたりシェパードに噛まれるなどした。憲兵隊の尋問室には、「老虎の椅子」や唐辛子の水、釘の板、焼き鏝などの刑具が備えられた。こうした厳しい監視の下で労工が逃亡することはなかなかできなかった。

特殊労働者として徴用された捕虜は、作業現場の行き帰りも作業中も監視され、手錠を掛けられたまま作業をさせられた。

日本人管理者と把頭たちは労工からあらゆるものを搾取し、労工の食べ物は豚や犬の餌より粗末だ。一九四〇年以降は、労工が食べるのは混合麺になる。混合麺というのは、黒い豆、大豆のカス、落花生の皮、サツマイモの茎、タマネギの茎などを粉にして混ぜたもので、食べるのも大変なうえに消化が悪いので便秘になる。野菜は漬物を食べるだけだ。労工は、混合麺でつくった餅を毎日一つ持って坑内に入り、冬は凍っている餅を坑内で食べた。飲み水は支給されないので、岩から染み出る水をスコップですくって飲んだ。

労工が自分で持ってきた衣服はすぐにボロボロになり、セメント袋を体に巻いて寒さをしのごうとするが、とても役には立たない。一九四三年の冬に、鉄道の排水路を掘っていた「清水組」の労工が、排水路の傍らにある麦わらの中に入り寒さを避けようとしたが三〇人余が凍死するということもあった。

一九四三年にコレラが発生する。このとき、最初のうちは、薄い板で作った棺桶に死者を入れたが、一八〇人が詰め込まれた長屋で一三〇人が死亡するなど死者が多くなると筵で巻いて埋めるようになる。しかし、そのうち筵も無くなり、死体を台車に直接載せ、西の方にある万人坑に運び焼却した。まだ生きている人も

龐家保大西部万人坑

肉丘墳や千人坑など幾つもの万人坑が龍煙鉄鉱に残された。大西部万人坑はその内の一つ（李秉剛氏提供写真）。

死体といっしょに焼かれた。

日本が龍煙鉄鉱を占領した一九三七年から一九四五年までの九年間に鉄鉱石三〇〇万トン余を日本は略奪し、その大部分を日本に運んだ。

また、占領期間の後期には三万人余の労工が常に働き、日本の支配下にあった九年間に膨大な数の労工が死亡したが、犠牲者数の全貌は不明である。しかし、断片的な事実はいろいろと分かっている。例えば、一九四二年に北平から連行され、牛清芳と王喜信が管理する第三六組に入れられた四〇〇人余は、重労働と虐待により、一年も経たないうちにほぼ全員が死亡した。また、王桐林が管理する組には一九四一年に二〇〇〇人余がいたが、一九四四年には七〇〇人しか残っていない。あるいは、李白田の組は六〇〇人余いたが、五カ月後には一〇〇人しか残っていなかった。あと、一九四五年上半期の労工の死者数は八〇〇〇人余だったことが分かっている。

犠牲者の遺体は、鉱山周辺の野原や深い溝（穴や

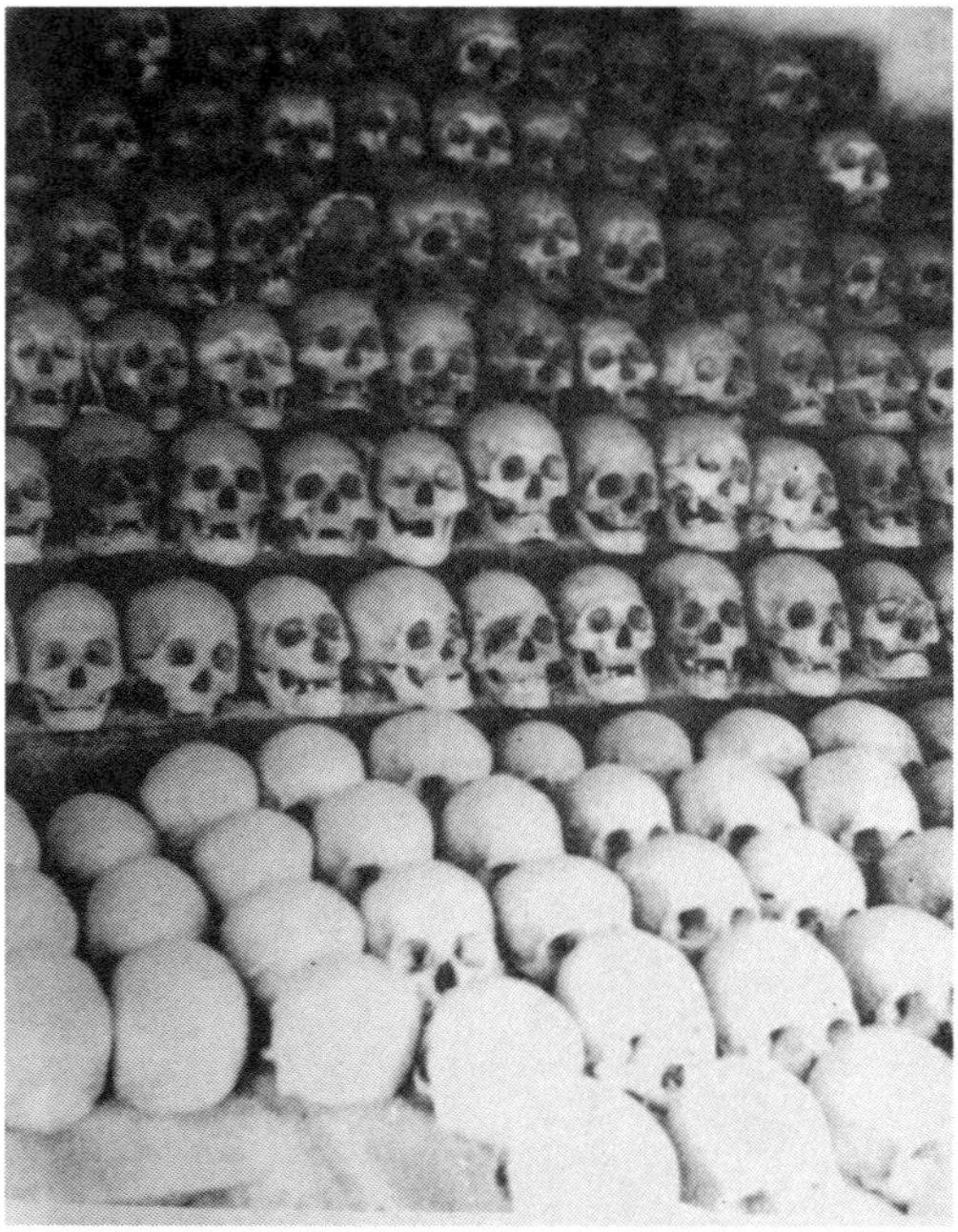

犠牲労工の頭蓋骨の山

一九六〇年代に発掘・収集された龍煙鉄鉱犠牲労工の頭蓋骨の一部（李秉剛氏提供写真）。

谷）に捨てられたが、遺体の多くは野犬に食い散らかされた。こうして、大西部・肉丘墳・千人坑など幾つもの人捨て場（万人坑）が形成され、後世に残された。

一九六四年頃に、階級教育を目的として肉丘墳万人坑記念館・階級教育記念館が肉丘墳万人坑に建設されたが、建屋の基礎を整備するとき、一五〇平方メートルの範囲から三〇〇柱の遺骨が掘り出された。その中には、大きな石が乗せられている遺骨や、針金で手足を縛られている遺骨や、脇に短刀が刺さっている遺骨があった。

李秉剛《リビンガン》さんが現地で説明してくれたことなどを基に龍煙鉄鉱万人坑に関する事実を簡単に整理すると以上のようになる。

私たちが肉丘墳万人坑記念館を出る頃には辺りはすっかり暗くなっている。真っ暗な山道を慎重に下り、未舗装の幹線道路の脇に停めたバスに戻り壩口村を出発するのは午後七時過ぎになる。

張家口市宣化区の市街地にあるホテル・宣化賓館には午後八時半頃に到着し、ホテル内の食堂で夕食を食べる。午後一〇時過ぎにホテル周辺をぶらりと歩いてみると、近辺に商店は無く暗い街並が続いているが、夜遅いこの時間でも街を歩いている人はたくさんいる。

第三章　承徳水泉溝万人坑

避暑山荘が造営された承徳へ

訪中三日目の九月二五日は、途中で北京市北部を通過しながら、河北省北西部に位置する張家口市宣化区から河北省北東部に位置する承徳市に向かう。移動距離は約三五〇キロで、五時間くらいかかると予定している。

北京から約二三〇キロ東方に位置する承徳は日本の侵略当時は熱河省の省都だったが、熱河という名前は、冬でも凍らない水面から水蒸気が立ち上る様子に由来している。熱河の人々は心意気が高く簡単には人に従わないとされ、侵略者の日本に対し徹底抗戦を続けたことはよく知られている。解放後に熱河省は分割され河北省と黒龍江省と内モンゴル自治区に編入されたので、現在の行政区だと承徳は河北省に属する一都市になる。

燕山山脈の山々に囲まれ美しい自然と温泉に恵まれる承徳は、夏は涼しく避暑地として絶好の地であり、清の康熙帝は、承徳に離宮を造営することを一七〇三年に命じた。そして、一七四一年から大規模な工事が始められ、康熙帝・雍正帝・乾隆帝の三代の治世を経て一七九〇年に完成した離宮が避暑山荘だ。延々と続く城壁は全長が一〇キロにもなり、中国に現存する皇宮では最大規模になる。現在の承徳市の面積の半分を避暑山荘が占めているとのことだ。この避暑山荘を夏の御所・夏宮とし、五月から九月にかけて皇帝はここで政務を行なった。また、避暑山荘周辺には、外八廟と呼ばれる一二カ所のチベット仏教寺院も建設され、これらは世界遺産に登録されている。

さて、張家口市宣化区にあるホテルを八時に出発した私たちのバスは、二〇分ほどで高速道路に入る。張家口も承徳も万里の長城沿いに位置するので、バス車中から見える周辺の山々の尾根沿いに万里の長城が続くのが頻繁に見える。途中で、八達嶺や金山嶺など観光地として有名な長城も確認できる。

午後一時過ぎに承徳インターチェンジで高速道路を降りると、周辺には高層ビルが林立していて、建設中のビルもたくさんある。この辺りは承徳の新市街地で、この一〇年以内に建設された新しい建物ばかりだ。承徳は、周囲を山地に囲まれる盆地にあり、武烈川沿いに承徳の街が形成されていて、市内人口は三〇万人になる。武烈川は冬になると凍り、スケートができるとのことだ。また、千葉県柏市と姉妹都市になっている。

承徳インターチェンジを出てから一〇分ほどで、この日の宿舎となるホテル・雲山飯店に到着し、承徳を専門に案内してくれる地元の女性ガイド・李学敏《リシュエミン》さんと合流する。そして、李学敏さんの案内で承徳駅の近くにある食堂に行き、やや遅めの昼食を食べる。余談だが、この食堂の料理はメチャメチャ旨かった。

承徳水泉溝万人坑

午後二時二〇分頃に食堂を出発し、にぎやかな繁華街が広がる東大街から西大街に進み、西大街から続くゆるやかな坂道を道なりにたどる。すると、東大街から一〇分くらいで、水泉溝万人坑へ至る山道への入口に到着し、ここでバスを降りる。万人坑登り口まで、食堂つまり承徳駅の辺りからは二〇分くらいだ。

ゆるやかな坂道の街道沿いに閑静な街並が続く中に寿衣店（経帷子《きょうかたびら》商店―死に装束を売る店）があり、その脇を通る路地が、水泉溝万人坑へ至る山道への入口になる。寿衣店の上に「榮軍医院」と記された大きな看板があり、その看板を支える脚が寿衣店脇の路地をまたいでいる。その看板の下をくぐり、路地を歩いて一〇〇メートルくらい先に進むと民家も途切れ、草に覆われ背丈の低い木が少し生えるだけの山の中に入る。その先は幅一メートルほどの山道になるが、セメントブロックで舗装され歩き易くしてある。

なだらかな山道を一〇分くらい登ると、承徳水泉溝万人坑の犠牲者追悼施設に到着する。その追悼施設は、セメントで作られた幅一〇メートルほどの九段の階段が手前側にあり、階段を上がったところの両端に高さ三メートルほどの門柱のような石の柱が設置され、その二つの柱を、鉄パイプを組み合わせた半円形の構造物がつなぐ形になっている。

その先に、セメントで固められた一〇メートル四方ほどの台状の広場があり、その中央に高さ三メートルほどの石の記念碑が建立されている。これが、追悼施設の中心になる水泉溝万人坑記念碑だが、記念碑はのっぺらぼうで表にも裏にも文字が刻まれていない。そして、この追悼施設の背後に、承徳周辺で犠牲になったおびただしい数の中国人の遺体が埋葬されていて、承徳水泉溝万人坑の中心部を形成している。

文字の無い記念碑が建立されている追悼施設からもう少し奥に山道を進むと、真新しい石碑が山道沿いに設置されていて、表面に次のように刻まれている。「省級重点文物保護単位／（大きな文字で）万人坑遺跡／河北省人民政府／二〇〇八年十月二十三日公布／双橋区人民政府立」。石碑の裏面には次のように刻まれている。「保護範囲／水泉溝万人坑記念碑を基点とし、東に一〇〇〇メートルの水泉溝と鹿柵子溝分水嶺まで、西に一〇〇〇メートルの水泉溝柏油路の東沿いまで、南に一〇〇〇メートルの小南溝と劉家溝の分水嶺まで、北に一〇〇〇メートルの潘家溝谷底より南側。／建築制限地帯／保護範囲の外周線を基準線とし、そこから東・南・北は夫々外側に五〇メートル、西は外側に八メートルの水泉溝公路西沿いまで」。

山道沿いには、「七千頭蓋骨塚」という文字と、その場所を指し示す矢印が刻まれる石碑も設置されている。山道を外れ、矢印が示す方向に山の中に入っていくと、背の低い樹木がまばらに生え、膝から腰くらいまでの背丈の雑草に覆われる中に、「七千頭蓋骨塚」と刻まれるかなり大きくて真新しい石碑が建立されている。さらに、そこから夫々少しずつ離れたところに「一合合葬墓」・「二号合葬墓」・「三号合葬墓」と夫々刻まれるやや小ぶりの真新しい石碑も設置されている。あとで詳しく説明するが、水泉溝に放置されたままになっていた遺骨が抗日戦争勝利後に収集され、三つの墓に分けて合葬されたのだ。その時に確認された頭蓋骨が七〇〇〇柱あったということだ。

山道沿いには、「革命烈士墓」という文字と、その場所を指し示す矢印が刻まれる石碑も設置されている。矢印が指し示すその辺りの草原の中に入っていくと、個人名が刻まれている小さな石碑（墓碑）が広い範囲に幾つも設置されている。個人名が刻まれる石碑は古いものが多いが、中には真新しいものもある。

曽賢良さん（右）と李秉剛さん
一九七〇年代の後半になっても水泉溝のあちこちに遺骨が散らばっていた。

承徳を案内してくれるガイドの李学敏さんは一九六三年生まれで五〇歳になるが、小学生だった一〇歳の頃に、弁当を持って水泉溝万人坑に歩いて遠足に来たことがある。被害現場を見学することは愛国主義教育の一環であり、今も続けられている。

墓碑などを確認しながら山道を歩いていると、草むらの中で何か作業をしている男の人がいる。挨拶をかわし話を聞いてみると、この近くに住んでいる曽賢良さんという人で、七八歳ということなので一九三六年頃の生まれだろう。血色がよくとても元気そうで年齢よりはるかに若く見える人だ。

曽賢良さんは一九六六年に承徳水泉溝に移り住んだが、その頃はこの辺りに民家はあまり無かった。そして承徳で曽さんは、地形を調査する役所である地質水文隊の職員として測量作業に従事し、承徳の地形を調査する中で水泉溝に興味を持ったということだ。それは、曽さんが承徳に来た頃は、水泉溝のあちこちに遺骨がやたらに散らばっていたからだ。それで、曽さんら水泉溝近隣の人たちは遺骨を収集して埋葬することを繰り返した。しかし、一九七〇年代になってもあちこちに遺骨が散らばっている状況が続き、一九八〇年代になっても道路沿いにもまだ遺骨が残っていたということだ。

山道をさらに登ると、このなだらかな山の頂上に数分で着く。山頂には棗が自生していて、棗の実を集める男性が一人いる。その人が集めている棗は、私たちが商店で見る棗より随分と小ぶりだ。

さて、私たちが立っている山頂の周囲には、もっと高い山も含め山地が広がるが、とりあえず四方八方全てを見渡せる。深くて広い谷を隔てた向かいの山は避暑山荘の一画となる山で、建物など内部の施設は見当たらないが、避暑山荘の敷地を囲う城壁だけが延々と続いている様子が見える。別の山のその先には、白っぽい高層建築が立ち並ぶ、最近になってから拡張されてきたのであろう市街地も見えるが、私たちがいる山頂の周囲は、緑の樹木と草原に覆われる山々にほぼ完全に囲まれている。人里から離れ人々の目が届かないからこそ七〇年前にこの地は万人坑という惨劇の地にされたのだろう。

承徳の惨劇

承徳の惨劇の現場を訪ねる中で李秉剛さんから説明されたことを基本に、李さんの著書『万人坑を知る』（注三）で必要事項を補い、承徳の惨劇についてまとめておこう。

一九三三年三月に日本軍第八師団が熱河省の省都・承徳を占領し、政府機関を設置するとともに、関東軍司令部・憲兵隊本部・「満州国」第五軍司令部・第五憲兵団・協和会・監獄などの弾圧組織を配置した。

熱河省が日本に占領されると、地元の民衆はたくさんの抗日義勇隊や遊撃隊を組織するなどして抵抗運動を続ける。中国共産党が指導する八路軍は、一九三七年に日中戦争が開始されたあと熱河省に入り、一九三八年六月に灤平《らんぺい》・密雲・寛城・青龍などで抗日遊撃隊を組織し、日本軍や「満州国」軍と激しい闘争を続ける。

各地に作られた抗日組織に対し日本軍は、行く先々で住民を全て殺し、家屋を全て焼き、物を全て奪う三光政策(注一一)(注一二)と呼ばれる方針で対応する。また、「満州国」と中国華北地方との境になる万里の長城沿いを南北に遮断するため、広いところでは幅十数キロにわたり無人化する作戦も行なわれる。(注一三)(注一四)長城沿いの広い範囲にわたり住民を強制的に追い出し、別の指定した地区に集団部落を作り収容する作戦であり、長城沿いの広い範囲で抗日武装勢力と住民のつながりを絶とうとした。無人区は長城の北側に多く、人が多い所は幅が狭く、人の少ないところは幅が広いようだ。

日本軍と「満州国」軍が遊撃区で捕まえた遊撃隊員や、思想犯・政治犯・経済犯などあらゆる理由で捕まえられた中国人住民は承徳に連行され、承徳監獄に収容されるなどした。中華民国時代に建設されもともと八〇〇人を収容できる承徳監獄は日本の統治下で拡張され、一五〇部屋に二〇〇〇人余を常時収容できるようになる。

承徳監獄に拘禁された中国人は、監獄内で行なわれる裁判にかけられ、死刑か無期懲役になると絞首や高圧電気などにより監獄内で処刑された。そして、虐待などにより監獄内で死亡した多くの中国人の遺体と併せ、監獄から約一・五キロ離れたところにある水泉溝に運ばれ捨てられた。水泉溝は、承徳市西方の郊外にある自然にできた谷で、当時は近辺に集落や人家はなかった。承徳監獄で殺害された犠牲者の遺体は水泉溝まで受刑者に運ばせるが、水泉溝に行く途中で決まった橋を渡る。その橋は断魂橋と呼ばれた。

また、承徳監獄内で行なわれる裁判で一五年以下の有期刑とされた中国人は、「満州国」各地の強制労働現場に送られた。しかし、有期刑であっても水泉溝に連行され殺害される者もいた。

水泉溝では、南北約二キロ・東西約一キロの範囲が処刑場とされた。そして、山の下の方から遺体を埋め始め、埋める場所は山の上の方に順々に移っていく。しかし、やがて埋めきれなくなり、遺体を地面にそのまま捨てるようになる。大量の死体が捨てられそのまま放置される水泉溝では、死体を食べるカラスが群れになり毎日空を飛び回り、狼の群れや近隣の村の犬も死体を食い散らかす。そういう狼や犬の群れに襲われる恐れがあるので、農民が畑に行くときは仲間と連れだって行かねばならなかった。やがて白骨で覆いつくされた水泉溝は、遠くから見ると、雪が降り積もっているように白く見えた。

一九四一年五月から一九四四年一〇月まで承徳で日本軍憲兵隊長・特別警備隊付将校（少佐）などを歴任した戦犯の木村光明は次のように供述している。承徳にいる間に、承徳・青龍・密雲・遷安などで抗日幹部と住民を二八八二人逮捕した。そして、殴打・吊り・感電・火焼き、水やガソリンを飲ませるなどの刑罰や拷問で一一〇〇名余を殺害した。

こうして、一九三三年に熱河省を占領してから敗戦までの一二年間にわたり日本は熱河の人民を弾圧し続け、完全な統計ではないが、熱河省の省都・承徳で抗日の軍民三万六〇〇〇人を殺害した。そして、主要なものだけでも数カ所の万人坑が形成された。その中で、承徳避暑山荘の西側にある水泉溝が最大の万人坑であり、その範囲は約五万平方メートルになる。そこに、承徳で殺害された三万六〇〇〇人のうち一万人以上が埋められている。東北地方で日本軍が直接関与した万人坑としては、旅順に次ぐ二番目に大きい万人坑ということらしい。

一九四五年に日本が降伏し中国が抗日戦争に勝利したあと、水泉溝に散乱している犠牲者の遺骨の処置について人々が話し合い、収集して合葬することになる。そして、五日間かけて住民らが収集した遺骨の中に頭蓋骨だけでも七〇〇〇柱あった。集められた遺骨は、現在万人坑記念碑が建立されている追悼施設の奥の

碑文が無い記念碑

碑文を起草した副市長が失脚したため、記念碑から碑文が削り取られた。

三カ所に大きな穴を掘り埋葬された。しかし、大量の遺骨はいたるところに散在していて、全部の遺骨を収集することはとてもできなかった。そのため、犠牲者の遺骨はその後もあちこちで散見された。一九六三年に犠牲者追悼施設を整備するときも周辺の遺骨が収集され、追悼施設の裏手などに埋葬されている。

さて、文字が刻まれていない高さ約三メートルの記念碑を中央に配置する現在の犠牲者追悼施設は一九六三年に開設され、記念碑も同時に建立された。そして、その記念碑には、当時の副市長が起案した碑文が刻まれていた。しかし、その副市長が文化大革命（一九六六年から）で失脚したため、碑文が削り取られたのだ。

現在の記念碑をよく見ると、上部の五分の一くらいを占める「頭」の部分と、下部の五分の一くらいを占める土台部分に刻まれた文様は当初のままだが、その間の五分の三ほどの部位は石碑の四面がいずれも数センチほど削り取られ、碑文は全く残っていないのっぺらぼうの状態になっている。一九六三年に当時の副市長が起案した碑文は書面に記録されているので、当初の碑文の文章そのものは記録として残っている。

犠牲者追悼施設の背後の山中にある「七千頭蓋骨塚」と刻まれる真新しい大きな石碑は二〇一〇年八月一五日に建立され、「一号合葬墳」・「二号合葬墳」・「三号合葬墳」と夫々刻まれる真新しい石碑も同時に建立された。個人名を刻む石碑（墓碑）がその辺り一面にたくさんあるのは先に確認したとおりだ。

万人坑《まんにんこう》とは何か

ここで、万人坑《まんにんこう》に関する李秉剛さんの考えを簡単にまとめておこう。天寿をまっとうするなど普通に死亡した人（正常死亡者）は、家族の墓地や公共の墓地に埋葬される。しかし、承徳水泉溝のように、異常な死を強いられた人（非正常死亡者）がまとめて捨てられ埋められた場所が中国には膨大に存在する。そのような、大量の非正常死亡者が同じ場所にまとめて捨てられ埋められたところを中国人は万人坑と呼んでいる。万人坑の「坑」には、①深い穴、②大規模な墓地、③谷という意味などがある。

日本の侵略下で作られた万人坑が数えきれないほど中国に現存しているが、万人坑は以下の三種類に分けることができる。一つ目は、日本軍による中国人虐殺が原因となるもので、その中には、平頂山事件（注一五〜二〇）のように一度の虐殺で作られたものと、承徳水泉溝のように長期間にわたる継続的な虐殺で作られたものがある。二つ目は、炭鉱や鉄鉱など鉱山資源を略奪するため採鉱作業などで強制労働させられ死亡した中国人が捨てられて作られた万人坑だ。三つ目は、ダムや日本軍要塞などを造る大規模土建工事の強制労働で作られたものだ。

しかし、強制労働により作られた万人坑のことを日本人はほとんど知らない。日本語に翻訳して出版された李さんの著書・『万人坑を知る』（注三）を読んで不思議に思う人もいる。その原因の一つは、中国人を強制労働させた当の日本企業も日本国政府も加害事実を秘密にし明らかにしないことだ。もう一つの原因は、強制労働させられた被害労工がいる場所は、日本人を含む一般の人たちが生活している所から遠く離れていたことだ。強制労働現場を知っているのは極めて限られた人だけで、そういう人こそ事実を絶対に明らかにしないのだ。「満州国」に住み生活していた普通の日本人が万人坑を知らないから万人坑は無かったという詭弁が何の意味も持たないのは自明のことだ。

また、中国人も万人坑を知らない。李さんは中国の近現代史を専門とする歴史研究者だが、万人坑を自身で調査する前は李さんも万人坑を知らなかった。

犠牲者追悼式

山頂を後にして山を下り、文字のない記念碑がある追悼施設に戻り、いつものように訪中団として犠牲者追悼式を行なう。「不忘悲痛之事実、反省・追悼・和平」と記す色紙を記念碑に備え、記念碑の前に訪中団員が並び、犠牲者を追悼する言葉を野津喜美子さんが中国語で読み上げる。

私たちがここで追悼式を行なっても、犠牲者が生き返ることはないし、遺族の悲しみや怒りが無くなることもない。絶望的な状態にある日本人の歴史認識を変えることもない。しかし、私たちが今やっていることを伝え続けたいと思う。参列している中国人は李秉剛さんとガイドの李学敏さんと張鉄民さんの三人だけだが、日本人が現場に来て追悼式のようなことをしていたと何かの機会に話してくれると思う。

犠牲者追悼式を終え水泉溝の山を下り、幹線道路沿いの街並みに戻り、午後四時二〇分頃にバスに乗り水泉溝を出発する。

承徳の世界遺産

さて、承徳は、清国皇帝が五月から九月の夏季に政治を行なった避暑山荘や、一二カ所のチベット仏教寺院からなる外八廟という世界遺産がある著名な観光地だ。それらの観光名所を巡る予定は当初はなかったが、せっかくの機会だということで、その雰囲気を少しだけ味わうことにする。

水泉溝から避暑山荘に向かい、山荘南側にある正門・麗正門の前を通り、山荘の東側を北に進むと、東の方に磬錘峰《けいすいほう》が見える。承徳名山の一つで、高さ六〇メートル・直径一五メートルの大きな岩が山頂に立っている。下部の方が細いその巨大な岩は、遠目にはビール瓶を逆さに立てたように見える。

避暑山荘の北側を西に少し行くと、外八廟の一つ・須弥福寿之廟《しゅみふくじゅのびょう》があり、ここでバスを降り小休止する。須弥福寿之廟は、乾隆帝の六〇歳の誕生日にパンチェンラマ六世が承徳を訪れることを祝して建設された廟で、約三万八〇〇〇平方メートルの敷地に、パンチェンラマが住むクシルンボ寺などの建物群が建ち並ぶ。

須弥福寿之廟で小休止したあと、避暑山荘の東側から南に進み、武烈川沿いにあるホテル・承徳雲山飯店に午後五時一〇分頃に到着する。武烈川を渡る満鉄の鉄橋が史跡として大切に保存されているが、その鉄橋がホテルのすぐ近くにある。そして、武烈川の両岸と武烈川に架かる幾つもの橋は、夜になるとさまざまな色の電燈でピカピカに飾られる。

第四章　潘家峪惨案

潘《はん》家《か》峪《よく》へ

訪中四日目の九月二六日の朝八時、承徳のガイド・李学敏さんの見送りを受け、承徳市内にあるホテルを出発する。この日は、旧熱河省の省都だった承徳から南に進み万里の長城を越え、河北省唐山市豊潤区の潘《はん》家峪《かよく》を訪ね、潘家峪惨案の現場を確認する予定だ。移動距離は約二〇〇キロで、三時間半程度の移動時間を見込んでいる。

唐山市というと、一九七六年の大地震に想いをめぐらす人もいると思う。その年の七月二八日三時四二分に唐山市付近で発生したマグニチュード七・五の直下型地震で、唐山市の死者約一五万人を含む二四万人が死亡し有数の工業都市が壊滅した二〇世紀最大の地震被害として記憶されている。

ホテルを出てから二〇分ほどで高速道路に入り唐山に向かう。山を突き抜けるトンネルと谷を渡る橋が多い高速道路を走り、一〇時一〇分頃に唐山市遵化市にある遵化東インターチェンジで高速道路を降り、そこから先は一般道を行く。そして、一一時二〇分頃に一般道の幹線道路から外れ、左手に見える山を越える脇道に入る。この脇道はまだ工事中だが、とりあえず車両が通ることに支障はなく、そう高くはない峠を数分で越え隣の谷に降りると、そこが潘家峪だ。

峠を降りて最初にあるのが、潘家峪惨案で殺害された犠牲者を埋葬した墓地で、今は追悼施設として整備されている。潘家峪の村外れにあるその墓地の前を通り集落に向かうが、この先は道路が狭いので、対向車など何か障害があると大型バスは通れない。この時もバスが通れないので、私たちはバスを降り、歩いて潘家峪の集落に向かう。

集落に向かう道路沿いにエンジュの巨木が立っていて、その前に立てられた説明板に次のように記されている。「老槐樹（エンジュの古木）／潘家峪村は、一四〇四年・明朝永楽二年に建村された。建村時に潘姓の祖先は三本のエンジュを植えた。このエンジュの木はその内の一本だ。エンジュは、数百年にわたる潘家峪の歴史の証人になる（歴史を見続けてきた）」。

現在の潘家峪は、ブドウ栽培が盛んな人口一三〇〇人余の農業の村だ。ブドウの恩恵で周辺の村に比べると裕福な村で、辺り一面見渡す限りブドウ園が拡がり、平屋の民家がブドウ園の中に点在し、住居も道路も村の全てがブドウの木で覆われているという感じだ。そして、ちょうど収穫時期の真っ最中のようで、ブドウは山ほど実を付け、たくさんの人が収穫作業をしている。

しばらく進むと潘家峪惨案記念館がある。記念館の前の道路脇には、いろいろな商品を売る露店が一〇軒ほど並んでいる。市場のようだが、この時間は客はほとんどいないようだ。

記念館からもう少し先に進んだところに食堂がある。村外れにある墓地から歩いて十数分くらいの距離だ。食堂に入ると中はかなり広い。大部屋には、四人掛けの席が数卓と、一〇人くらいが利用できる丸い食卓の席が二つあり、子ども二人を含む七人連れの家族が丸い食卓で、四人掛けの卓では男性四人が食事中だ。夫々たくさんの料理を食卓に並べ、ビールを飲みながら食事と話を楽しんでいる。いつものことだが、中国の人たちの食事はとにかく楽しそうだ。個室は三部屋あり、その一つに私たちは入り丸い食卓を囲む。山椒の葉を揚げたもの、栗粉のマントウや棗など地元の料理をたくさん食べるが、薄味でとても旨い。

潘家峪惨案記念館

村の食堂で昼食を済ませたあと、来た道を少し戻り潘家峪《はんかよく》惨案記念館に向かう。記念館は、潘家峪の集落の中を通る昔ながらの街道沿いに建設されているが、少し大きな建物というと記念館以外にはこじんまりした小学校くらいしか無い農村の集落なので、かなり大きい記念館の建物は相当に目立つ存在だ。その記念館の外壁に「恥」という大きな文字が刻まれているのが印象的だ。

午後一時頃に記念館に入場すると潘貴清さんが迎えてくれ、さっそく次のように自己紹介してくれる。

潘貴清さんは一九四四年六月一四日に生まれ、かぞえで七〇歳になる。潘家峪惨案時にはまだ生まれていないが、潘貴清さんの父が当時の七人家族のうち五人を殺害された。殺害を免れたのは、薪を獲るため事件当日の朝に村を出ていた父と上の兄の二人だけだ。潘貴清さんはこの村で生まれ、この村にずっと住んでいる。その間、村の共産党書記を二一年間務め、退職後はボランティアとして説明員・解説員をするなど記念館の運営を支援している。お連れ合いもこの村の人で、娘四人と孫六人に恵まれ元気に暮らしている。この日は孫の饒紅梅《じょうこうばい》さん（女性）が付き添っている。

さて、潘家峪惨案記念館にはこれまでに一九万五〇〇〇人が来館していて、日本人は毎年二組くらいがやってくるとのことだ。その記念館の展示室に潘貴清さんに案内され入場すると、最初にある展示室の正面に、「1941年1月25日、犠牲者1230人」と大きな文字で記されたパネルが掲示され、犠牲者全員の名前が部屋の壁に刻まれている。潘貴清さんの家族で犠牲になった五人の名前は、正面の壁の右側下方に五人並んで刻まれていて、その名前を指で指し示してくれる。私たちは、この最初の展示室の中央に「不忘悲痛之事実、反省・追悼・和平」と記す色紙と花を供え、犠牲者を追悼する言葉を野津喜美子さんが中国語で読み上げる。

そのあと、潘貴清さんの案内で記念館内の展示を見て回る。各展示室には、当時の写真や地図と共に解説を記す展示パネルがたくさん掲示され、潘家峪惨案について詳しく説明されている。展示パネル以外にもいろいろ工夫されている。主要な虐殺現場となった地主の屋敷の情況を再現する実物大の立体模型には、潘家峪の人々を銃や銃剣で殺害する多数の日本兵と殺害された多数の人々の遺体が屋敷の建物と庭のあちこちに配置され、屋敷が炎に包まれる様子も再現されている。あるいは、当時の村の地形と家屋などを立体的に再現する地図、襲撃計画を相談する日本兵らの等身大の像、冀東軍分区司令部とされた住居を実物大で再現する立体模型、各種の遺物なども展示されている。

展示品の中に、本多勝一さんの著書『中国の日本軍』(注二一)がある。本多勝一さんは著名なジャーナリストで元朝日新聞記者だが、一九七一年の六月から七月にかけて、当時はまだ日本と国交が無かった中国に入り、朝日新聞記者として約四〇日間にわたり各地を取材する中で七月七日に潘家峪を訪ね、惨案について詳しく取材している。一連の取材結果は朝日新聞で連載報道され日本中に大きな反響をまき起こし、後に『中国の旅』(注一六)や『中国の日本軍』(注二一)などの書籍として出版されている。

三光作戦

潘家峪惨案記念館でたくさんの展示物を見ながら潘貴清さんが説明してくれた事実から分かることは、潘家峪惨案は、日本軍の最高方針の下で、中国が三光作戦(注二二)と呼称する燼滅掃蕩作戦・治安粛正作戦として計画的に実行された虐殺事件であることだ。軍の方針に基づく計画的な作戦として行なわれた虐殺事件ではなく、いわば偶発的に引き起こされた南京大虐殺とは異なる様相を潘家峪惨案は呈している。そこで、潘家峪惨案の概要をまとめる前に、『中国侵略の証言者たち』(注一二)の「第3章、三光作戦とは何だったのか」から引用しながら三光作戦について簡単に見ておこう。

「『三光作戦』は『三光政策』ともいわれるが、日本軍が華北における中国共産党と八路軍の指導する抗日根拠地・抗日ゲリラ地区とその周辺に対して行なった苛烈で非人道的な掃討作戦に対する中国側の呼称であ」り、「中国語の殺光(殺しつくす)、搶光(奪いつくす)、焼光(焼きつくす)の三つの意味」を込めている。

「一九三七年七月七日、盧溝橋事件を契機に中国への全面侵略戦争を開始した日本軍は、北支那方面軍が華北の侵略、占領を担当し、一九三八年前半までには華北の主要地域を占領した。日本の中国全土への侵略戦争が開始されると、中国ではそれまで革命をめぐって敵対していた中国国民党と中国共産党が合作して抗日民族統一戦線を結成し(第二次国共合作)、中国民衆も一致協力して日本の侵略に抵抗しようという抗日戦体制が築かれた。国共合作の成立によって、共産党軍も国民革命軍（国民党軍）に編入替えされ、華北の共産党軍は国民革命軍第八路軍（八路軍）、華中の共産党軍は国民革命軍新編第四軍（新四軍）と呼ばれた。共産党軍は日本軍の占領支配地域に抗日根拠地（解放区）を築いて拡大し、日本の軍事占領から領土を解放していく戦闘を行なった」。

「抗日根拠地には、共産党の指導機関と八路軍司令部が設置され、共産党の政治工作員を養成する党学校や、八路軍兵士を養成・訓練する兵学校、さらには簡単な兵器を製造したり日本軍から捕獲した武器を修理する工場までつくられ」、「抗日根拠地で訓練された八路軍兵士や政治工作員は、各地に派遣されて民衆を抗日ゲリラに組織したり、解放区を拡大するために活発な活動を展開したりした」。

「抗日ゲリラ地区は、抗日根拠地を中心にして広大な地域に形成された。そこでは住民（多くは農民）が武装して民兵（ゲリラ兵）となり、住民と結びついて遊撃戦（ゲリラ戦）を展開した。民兵は八路軍の予備軍の役割をはたし、多くの若い民兵が八路軍兵士になった」。

「中国共産党と八路軍が指導する抗日根拠地・抗日ゲリラ地区が拡大し、日本軍の軍事占領地が解放されていくことに危機感をつのらせた北支那方面軍は、一九三九年から解放区に対する『燼滅掃蕩作戦』」、「『治安粛正作戦』などと呼称」する作戦としての皆殺し、政策としての計画的虐殺である三光作戦を「本格的に展開した」。

その中で日本軍が行なった暴虐事件の一つが潘家峪を襲った惨殺事件だ。

潘家峪惨案

潘家峪《はんかよく》惨案記念館でたくさんの展示物を見ながら潘貴清さんが説明してくれたことや、本多勝一さんの『中国の旅』(注一六)の「三光政策の村」などを基に、潘家峪惨案(注八)の概要を以下にまとめておこう。

冀東《きとう》(河北省東部)における抗日運動は、一九三八年に李運昌が冀東に来て始められたとされる。李運昌は後に熱河省省長になり一〇二歳まで長生きする人だ。一九三九年には、潘家峪を抗日根拠地にすることを八路軍(共産党軍)が決定し、潘家峪でも一九三八年に三二名が抗日運動に参加し蜂起している。一九三九年には、潘家峪を抗日根拠地にすることを八路軍(共産党軍)が決定し、潘家峪を含む周辺の抗日根拠地に、新聞社や武器工場など八つの機関を設置する。

これに対し日本軍は部隊を何度も派遣し討伐・掃討にやってきたが、遊撃隊を組織し不屈の闘争を続ける潘家峪を支配することができない。そのため、潘家峪に対し日本軍はひどく腹を立て、潘家峪を無人地帯にしてしまう無差別大殺戮の実行を決断する。日本軍の唐山駐在指揮官・佐々木高桑は、豊潤・滦県《ルアン》・迁安《かんあん》など各県の日本軍顧問を自ら召集して会議を開き、豊潤駐在顧問・佐々木二郎を潘家峪掃蕩作戦の総指揮官に指名する。そして、決行日は一九四一年一月二五日、旧暦一九四〇年の大晦日前日の一二月二八日とされた。

決行前日となる一月二四日の作戦会議で佐々木二郎は、潘家峪は質《たち》が悪いので逃げる者も全て殺害せよと命令する。そして、一月二四日の夜、唐山・豊潤・迁安・滦県・遵化《じゅんか》・玉田など一六拠点から動員された三〇〇〇人の日本兵と二〇〇〇人の傀儡兵からなる五〇〇〇人の部隊で潘家峪村を包囲する。そのうち二〇〇〇人の傀儡兵は、村の周囲で見張りに立ち、村人が外に逃げれないようにする任務に就く。当時の潘家峪は二四一戸・一五三七人の村で、そのうち二〇〇人ほどは村外に出ていたので一三〇〇人余が包囲された。

一月二五日（旧暦一二月二八日）の朝、三〇〇〇人の日本兵が村に入り、かすかに薄明りが射しているもののまだ暗い村は、あちこちから聞こえる銃声に包まれる。日本兵により村人は住居から追い出され、村の中心よりやや西寄りになる細長い池がある場所（西大坑）に追い込まれる。真冬の潘家峪は零下三〇度にもなり池は厚く結氷しているので、何百人もが集まっても池の氷は割れない。老齢や病気で家を出て歩けない者はその場で銃剣で刺し殺された。若い女性がいれば強姦・輪姦が発生する。

太陽が東の稜線に昇るころには大勢の村人が池（西大坑）に追い込まれ、五波から六波にわたる狩出しが終わる。この頃には周りは完全に明るくなっている。そして、佐々木二郎が軍刀を抜き放ち、「村長は？武装班長は？　民兵は？　武器は？　武器工場は？　八路軍の協力者は？」と村人を問い詰める。しかし、誰も答えないので、見せしめのため二〇人が集められ、その場で銃剣や軍刀で殺害された。

そのあと、池（西大坑）から一〇〇メートルほど東にある地主の屋敷に村人を移動させる。その途中の道の両側には、銃剣を構える日本兵がぎっしりと並び、逃げ出すことはできない。大院と呼ばれる地主の屋敷は幅四二メートル・奥行七五メートルの広さがあり、高さ二メートル余の壁で周囲を囲まれている。ここに一〇〇〇人近くの村人が押し込められると大変な混雑になる。

屋敷内には、コウリャンの殻や松の枝などが敷かれ、石油の臭いがする。そして、連行されてきた村人全員が屋敷内に入り終わると入口の南京錠がおろされ、ほとんど同時に火が放たれる。火が放たれたのは午前一一時頃だと推定されている。さらに、機関銃と小銃の一斉射撃が始まり、手榴弾も次々に飛んでくる。

阿鼻叫喚の最初の集団虐殺が一段落した後、日本兵が屋敷内に入り生存者の有無を確認して回り、生存者

潘家峪惨案犠牲者の遺体（一）

焼け落ちた潘家大院内の壁際に、黒こげになった遺体が並んでいる（李秉剛氏提供写真）。

潘家峪惨案犠牲者の遺体（二）

惨案の犠牲者一二三〇人のうち約九〇〇人が潘家大院で虐殺された（李秉剛氏提供写真）。

がいればその場で残忍に殺害する。両足を引っ張り子どもの体を割く、妊婦の腹を裂く、動く胎児を突き殺す、首を斬る、胴を切る、腹を切る。内壁と建物の間の幅一メートルほどの隙間では子どもばかり二〇〇名くらいが殺された。このような残忍なやり方を伴なう生存者探しと射撃が何回か繰り返される。

昼前から夕方まで五時間くらい虐殺を続け、全ての家屋を焼き払い全ての家畜を奪った日本兵は、夕闇が近づくころ潘家峪の村を去り、日本軍の拠点へ引き揚げる。日本軍が引き揚げたあとには、膨大な数の死体と焼き払われた家屋が残された。

こうして、男三一五人・女三五二人・子ども五六三人、合わせて一二三〇人が殺害された。犠牲者は村の人口の八〇パーセントにもなる。また、村の世帯数の一四パーセントになる三三世帯は家族全員が殺され家系が死に絶えた。さらに負傷者も九六人を数える。その他に、一三〇〇余の部屋と松林三〇〇〇ムー（約二平方キロ）が焼き払われ、羊三〇〇匹・ラバ九六頭・豚二五三匹が略奪された。

虐殺が行なわれた地主の屋敷から脱出に成功したり、屋敷内にある煉瓦壁の食料倉庫に逃げ込み隠れていたりして虐殺を免れた人は約一〇〇人いたが、そのうち重傷を負いながらなんとか命をとりとめた人が四三名、元気な人は約六〇名いた。

潘家峪が日本軍に包囲されたことを知った八路軍第一二連隊の七〇〇人がただちに行動を起こし潘家峪に急行したが、村に駆けつけたのは午後一〇時頃だったと推定されている。潘家峪は遠すぎたのだ。折り重なる虐殺死体を見て八路軍兵士は村人と同じように声を上げて泣いた。そして、虐殺から三日目に共産党の記者が村に入り惨劇を記事にする。

生き残った村人と八路軍兵士は、村の南外れに大きな穴を四つ掘り、一二三〇体の遺体をそこに運んで埋葬し、四つの大きな土饅頭を盛り上げ共同墓地とした。そこは、今は陵園になっている。

虐殺を免れた生存者が約一〇〇名、事件時に村外にいて無事だった者が約二〇〇人、合わせて約三〇〇人が村の再建にかかる。大人は全員が民兵に加わり、そのうち二七人は八路軍の正規兵になり最前線へ向かう。この二七名は自らを復仇団と称した。また、冀東の八つの党政軍の各機関は、潘家峪の山谷の密林奥深くにひそみ、冀東抗日闘争の指揮作戦を遂行した。

結局、八年間の抗日戦争中に日本軍は潘家峪に一三八回も掃討にやってきた。そのうち五四回は一九四一年の惨案以降のことだ。

西大坑に立つ潘貴清さん
日本軍に追い立てられた住民が最初に集められたのが西大坑。当時より随分と狭くなっている。

潘貴清さんの案内で虐殺現場を歩く

潘家峪惨案記念館で説明を聞いたあと、集落の中に残る虐殺の現場を潘貴清さんに案内してもらう。

まず、記念館を出て西に少し歩き、すぐに右に曲がり北に進み、記念館の北側を流れる小川に架かる橋を渡ると、道の左手（西側）に掘割のような形状の池の跡がある。事件当日、日本軍が各戸から追い出した村人を最初に集合させた西大坑だ。

西大坑を背にして潘貴清さんが立ち、今は周辺に建物が建ったので西大坑は狭くなっているなどと説明してくれる。かたわらに、銀色の背景に黒い文字で西大坑の情況を記す立派な説明板が設置されていて、次のように書かれている。
「西大坑（西の大きな窪地）／一九三九年から惨案のその日までに日本軍は四回にわたり潘家峪の人たちをこの大きな窪地に追い込み八路軍を探した。惨案のその日が最後の一回だ。それは一九四一年一月二五日、旧暦一二月二八日の明け方のことだ。三千余の日本兵と二千余の偽軍が潘家峪を包囲する。命令に従い偽軍は村の周囲で見張りに立つ。三千余の日本兵は村に入り、各戸を回り村人を捜し出す。歩くのが遅い者は槍や銃で直ぐに殺される。

村の人たちは最初にこの大きな窪地に追い込まれる。当時、この窪地は長さ三十余メートル・幅十余メートル。人の背丈より高い石の囲いが周りにあり、窪地の底には氷が張り雪が積もっている。窪地の周囲には、弾を込めた銃を構える日本兵がずらりと立っている。日本兵は、窪地に集めた人の中から三十余名（潘貴清さんの説明では三六名）の若い女性を選び、あちらに行って飯を作れと言う。そして女性たちは、窪地の西にある第三の家屋に連れて行かれまず強姦され、そして殺害される。その後、灯油をかけた焚きつけの草で死体が焼かれる。

日本兵は、（窪地に集めた）潘家峪の村の人たちを午前一〇時過ぎ頃に、焚きつけの草をいっぱい敷き詰め灯油をまいた潘家大院の方に連行する」（原文は中国語、青木訳。これ以降も同様に、原文は中国語、青木訳）。

惨案当日の午前一〇時頃に日本軍指揮官の佐々木二郎が、楽しい休日を過ごせるようにすると村人に話し、西大坑の窪地から潘家大院（地主の屋敷）に向かって村人を歩かせた。村人が歩かされたその道を北に向かって少し進むと四つ辻があり、その北東角にエンジュの巨木が立っている。その前に説明板が設置され、次のように書かれている。

「老槐樹（エンジュの古木）／この木は、一四〇四年・明朝永楽二年に植えられた。惨案が発生する前は樹高が三〇余メートルあり、樹幹にある洞は、我が党の抗日工作員がいつも機密文書を隠す場所であった。このエンジュの古木は惨案時に日本軍により焼き払われた。しかし、惨案の次の年にエンジュの古木は奇跡的に芽を出し枝を生き返らせた。これは潘家峪の建村樹の一本であり、歴史の証人であり、潘家峪人民の幸運の樹木である」。

エンジュの古木がある四つ辻を右に曲がり東に進む。この道の両側には家屋の外壁が切れ目なくずっと続く。惨案当時、銃剣を構える日本兵がこの道の両側にずらりと並び、その間を村人は歩かされた。

少し進むと道の右側（南側）は潘家大院の北側の長い外壁になり、その真ん中あたりに幅一メートルくらいの門がある。その門の脇に説明板が設置され、次のように書かれている。

「潘家大院北中門口／一九四一年一月二五日、旧暦一二月二八日、村にいた人々は日本軍により西大坑から追われて来た。そして、この門から潘家大院に入らされた」。

北中門口は今は木の扉で閉じられていて、ここから屋敷の中に入ることはできない。その前を通り過ぎさらに少し東に進むと、道路の左側（北側）の家屋の外壁に幅一メートルくらいのがっちりした門がある。その脇に説明板が設置され、次のように書かれている。

「小鉄門／一九四一年一月二五日、弾丸が雨あられと降り注ぎ猛烈な火炎と黒煙がまき上がる大惨案の最中に、怒りにふるえる十数名の村の人たちが、潘家大院東院にある、日干煉瓦でふさがれた北門口をこじ開け潘家大院を脱出する。その中の一人の村人が小鉄門に突進し、凶悪極まる日本兵が小鉄門に向けて猛烈に射撃する。この村人は門に入ると身をひるがえして門を閉める。日本兵は銃剣を猛烈に突き立てる。銃剣を突き立てられた門には刀痕と弾痕が残っている。これは、日本軍が潘家峪人民に犯した残虐の確かな証拠である」。

大院の北門口をこじ開けて脱出し、道路を隔てた北側の家屋の小鉄門に逃げ込み九死に一生を得たのは当時一七歳だった潘広林さんで、一九七一年に取材に来た本多勝一さんに、その時四八歳になっていた潘広林さんが惨案について詳しく証言している。(注一六) 大院の北門口からは他にも十数人が無事に脱出できた。

大院の北門口と向かい側の小鉄門のすぐ東に四つ辻があり、そこを右に曲がり南に進む。この道の右側(西側)には大院の東側の外壁が続き、左側(東側)に潘家峪希望小学(小学校)がある。

この道をもう少し南に進むと、東西方向に流れる小川に出る。ここで左(東)に曲がり小川に沿って三〇メートルくらい進むと、小川を挟んで対岸側(南側)に高さ一〇メートルほどの崖がある。ここが虐殺現場の一つである。その崖に、「南岩子」と刻まれる石碑と、別に石柱二本が置かれ、その脇に解説板が設置され次のように記されている。

「南岩子(南の岩、南の崖)/一九四一年一月二五日、潘家大院での虐殺と同時に日本軍は村の隅々まで村人を捜し続け、南山斜面の住居から女性と子ども三二名を見つける。日本軍はこの人たちを崖の上に追い立て、銃剣で刺し崖下に突き落とす。そのあと、死体の山の上に焚きつけの柴草を積み上げ、灯油をまき火を付けて焼き払った。惨状は見るに忍びない」。

潘家大院

潘家大院は小川の北側に面して建てられていて、その南東角の東側の道路沿いに、開口部の間口が二メートルほどある煉瓦造りの大きな正門がある。南岩子から小川沿いに三〇メートルほど西に戻るとその正門に至る。

大院正門の左上の壁に銘板が貼り付けてあり、「河北省重点文物保護単位／潘家峪惨案遺跡／河北省人民政府／一九八二年七月二十三日公布／豊潤県人民政府立」と記されている。正門の右側には石碑が二つ設置されていて、左側の石碑に「河北省愛国主義教育基地／中国共産党河北省委員会／河北省人民政府／一九九五年五月」、右側の石碑に「全国重点文物保護単位／潘家峪惨案遺跡／国務院二〇〇六年五月公布／河北省人民政府立」と刻まれている。

一九四一年の惨案で大院の大半は焼失し崩れ落ちてしまったが、壁の一部や豚小屋など惨案以前のものが少し残った。解放後の土地改革で大院は村人に分け与えられたが、その後史跡として整備されることになり、主要な建物や施設の一部が復元され、大院の基本的な構造や内部の建物などの配置が分かる程度まで当時の状態が再現されている。

正門から潘家大院の中に入ると、正門を入ったところにある外庭に大きな銀色の説明板が設置されていて、黒い文字で次のように記されている。

「潘家大院／潘家大院は、日本軍が無辜の人々を惨殺した主要な現場である。大院は官僚地主の潘恵林の住居である。当時、潘恵林一家は唐山に住んでいて、この大院は作男の王棨が管理していた。大院は、東院・中院・西院に分かれている。

一九四一年一月二五日（旧暦一二月二八日）、特務係長の李連生は佐々木二郎の命令を受け、虐殺場所として大院を選んだ。大院の三院の内外に松の枝と焚きつけの草木が大量に積み上げられ灯油がまかれる。四方の外壁と建屋の上は、実弾を込めた銃を構える日本兵で埋め尽くされ、山の斜面には擲弾筒二基が据え付けられた。

潘家大院（復元後）
一九四一年の惨案で大半は崩れ落ち焼失したが、主要な建物や施設の骨格が復元された。

潘家峪の人々が大院に押し込められると、残虐極まりない大焼殺が始まる。大院のいたるところから黒煙がもうもうと立ち昇り、火炎が天を衝き、敵の銃声と人々の悲鳴が谷間を震わせる。国内外を驚愕させたこの大虐殺で一二三〇名の老若男女が惨殺された」。この説明板には記載されていない色々なことも潘貴清さんが話してくれる。

村人が大院に閉じ込められたあと、当時の県長が村人に、あなたたちは皇軍（日本軍）に反抗したのだから自業自得だと話す。そして県長が大院の外に出ると間もなく虐殺が始まり、銃を構える日本兵が周囲を取り囲む中で、積み上げられ灯油をまかれた薪に火が放たれる。逃げる所は無く、服や頭髪に火がつき人々が火の玉になり、銃声が鳴り響く中で人々が倒れる。そういう混乱の中で潘国生さんは立ち上がり、機関銃を奪おうとする。

潘貴清さんが英雄の一人だとして話す潘国生さんのことが、正門を入ったところに設置されている説明板に次のように記されている。

「大門に据え付けられた機関銃が村の人たちの命を次々と奪うのをなす術もなく見ているしかなかった潘国生は怒りに燃えて機関銃の前にはい出し、力の限りを尽くして機関銃をつかみ奪い取ろうとする。しかし、日本軍の乱射を受け死亡した」。

外庭の北側に中院の門があり、その門の左手（西側）に家畜用の飼料桶がある。四人の妊婦が殺されたところだ。そこに設置された説明板には次のように記されている。

「潘振東の妻や潘作仁の母ら胎児を既に宿していた四人の妊婦は日本兵に腹を裂かれ、胎児は腹からつかみ出され、この飼料桶の上で死んだ」。

潘家峪に里帰りしていて事件に巻き込まれた妊婦を、日本軍が去ったあとに探しに来た家族が飼料桶のところで四人の妊婦を見つけたとき、一人はまだ息があった。そして、どうして殺されねばならないのか、復讐してほしいと言い残して死んだ。妊婦の家族は弔い合戦に参加した。潘貴清さんはこんなふうに説明を続ける。

外庭で説明を聞いたあと、中院の門から奥に入り、東院・中院そして西院と見て回り、夫々特徴のある場所で潘貴清さんから説明を受ける。それらの場所には説明板が設置されているので順不同で見ておこう。

「大院の中は黒煙と猛火に包まれ、銃と砲と手榴弾が炸裂し、人々は悲鳴をあげながら大混乱のうちに虫けらのように倒れた。壁面に残る銃弾の跡は、日本軍が潘家峪の人々を虐殺した鉄の証拠だ」。大院の中央部の火勢が一番強く、火勢が比較的弱い外壁に近い門の辺りに多数の遺体が折り重なっていたとのことだ。

「虐殺の後の方になると、日本兵は銃剣を持って屋敷内に入り、まだ生きている者を探し回る。この壁の下には、四〇体余の子どもの遺体があった。その全てが、たたきつけられたりたたき切られたりして死んでいた。その時は壁全体に血と脳みそが付着していた」。

「早起きして山に入り柴を集めていた潘瑞来と王澤文は、日本軍が引き揚げたあとに村に戻り、ツルハシを探し出し、外壁の根元に穴をあけ、大院の中の死体の山から生存者を救出した」。この救出の場面を、身振り手振りを交えて潘貴清さんは必死に説明してくれる。

「虐殺の現場で黒煙と猛火の中を人々は逃げまどう。二九名はこの食料庫に駆け込む。食料庫の前に焚きつけの柴木が大量に敷きつめられていたため、日本軍が撤退するまで火炎は消えなかった。そのため二九名は生き残ることができた」。東院の北東の端、つまり大院の北東の端にある食料倉庫に逃げ込んだ人は、倉庫の壁が土の煉瓦でできていて燃えなかったので幸運だったたが、生死の境はまさに紙一重だ。ここで助かった一人が当時三一歳の潘輔定さんだ。

「二歳の女児・小風を抱きかかえた母は、四合院の側らの棟に横たわる死体を踏み越えて棟の屋根に上ったところで銃撃され死亡した。女児・小風は、母の死も知らないまま乳房を吸い続けた」。

他にも生き残った幼い子がいたと、当時五歳だった潘ズイレンさんのことを潘貴清さんが話してくれる。惨案の現場で潘ズイレンさんは母と二歳の妹といっしょにいて、妹は日本兵に火の中に投げ入れられ殺害された。しかし、母は壁を越えて逃げのび、潘ズイレンさんは水カメの中に隠れ助かることができた。

「この豚小屋の屋根から八人が逃走し助かった。一二歳の潘瑞倹は背が低くて屋根に上がれなかったが、張殿臣が支えて手助けし潘瑞倹は逃げることができた。張殿臣は日本軍に銃撃され死亡した」。

この豚小屋は西院の南西の端、つまり大院の南西の端にあり、この豚小屋にまつわる別の逸話も潘貴清さんが話してくれる。虐殺の最後の段階で、生存者がいないことを確認して回っていたある日本兵が、豚小屋に隠れている一二歳の子どもを見つけた。しかし、その日本兵は手を横に振り、生きている者はいない、全員が死んでいると嘘の合図をしたので、一二歳の子を含め一四名が助かった。日本兵の心の底に良心がまだ残っていた。

他にも脱出に成功した人はいる。潘国生さんは「検死」の隙をついて正門から脱出することができた。惨案の時は村中が放火され村中が炎と煙に包まれていたので、いったん大院の外へ脱出した人は日本兵に見つかりにくく、かえって逃げやすかった。

大院の北西の端に日本軍が指揮所として使用した建物があり、説明板に次のように記されている。「日本軍臨時司令部／潘家大院での虐殺時、日本軍駐豊潤顧問・佐々木二郎は潘家峪人民の虐殺をこの部屋から指示した。だから、この部屋は焼けていない」。

虐殺の現場を一通り見て回ったあと潘貴清さんが次のように話をまとめる。

惨案で一二三〇名が死亡した。そのうち大院で約九〇〇人が死亡し、その他に約三〇〇人が村のあちこちで死亡した。女性のうち七〇名は強姦されたあと殺害された。そして、村全体が火の海になった。当時の村民一七〇〇人のうち一二三〇名が殺され四七〇名が残った（潘貴清さんのこの時の説明。別の記録とは人数が異なる）。そのうち村に残ったのは二〇〇名で、残りの人は他所に逃れた。村に残った人のうち二七名が復讐団に参加した。一九四一年五月九日に、村から離れたところで犠牲者追悼式を初めて行なった。そして、惨劇を生きのびた人が村を再建する。惨劇のあとで始めたブドウ栽培で村は豊かになった。今は、旧暦一二月二八日に犠牲者追悼式を毎年行なっている。

潘貴清さんが案内してくれるのはここまでなので、記念館の前で潘貴清さんを囲んで写真を写す。孫（娘の子）の饒紅梅《じょうこうばい》さん（女性）もいっしょに写真に入ってもらう。そして潘貴清さんに感謝の気持ちを伝え記念館で別れる。記念館の前まで来て待機していたバスに乗り込んだ私たちは午後三時過ぎに記念館を出発し、村の南外れにある潘家峪惨案陵園に向かう。

潘家峪惨案陵園

潘家峪惨案で犠牲になった一二三〇人が四つの大きな穴を掘って埋葬された共同墓地が年月を経て整備され、犠牲者を追悼する立派な陵園になっている。場所は村の南の外れに位置し、南北に通る道路の東側に面している。陵園の周囲は高さ三メートルほどの外壁で囲まれていて、道路沿いにある門の脇に潘家峪惨案陵園と記されている。

その門をくぐり抜け園内に入ると、手前側にある広場を挟んで東側に、大きな土饅頭になっている墓が南北方向に四つ並んでいる。土饅頭は夫々直径七メートルか八メートル、高さ三メートルくらいだろうか。周囲は、高さ一メートルほどのセメントの壁で丸く囲まれ、背丈の低い樹木が土饅頭を覆っている。

その四つの土饅頭の前に高さ一五〇センチほどの石碑が夫々設置されていて、夫々次のように刻まれている。「悔恨千秋、惨案で亡くなった男性一六〇名の墓」・「永遠に恨む、惨案で亡くなった男性一五五名の

潘家峪惨案陵園
陵園の東側に、大きな土饅頭になっている墓が南北方向に四つ並んでいる。

墓」・「血の涙を忘れない、惨案で亡くなった女性三五二名の墓」・「子どもの惨劇、惨案で犠牲になった男児・女児の墓」。そして、いずれも「一九五二年七月五日建立」と刻まれている。

四つの土饅頭の背後（東側）は小山のようになっていて、階段が作られている。その階段を二〇メートルほど登ったところに高さ二メートルくらいの黒い石碑が建立されていて、正面に「悲痛哀悼／（大きな文字で）潘家峪惨案受難同胞／中国二十二冶《や》豊潤区潘家峪村／全体共産党員」と刻まれている。裏面には次のように刻まれている。「歴史を忘れることはできない。我が中華を振興させることが、外敵からの恥辱を防ぐ唯一の道だ。世界反ファシズム戦争と中国人民抗日戦争勝利六〇周年に際し、中国二十二冶と潘家峪村全体共産党員が潘家峪惨案陵園の補修のため寄附し、亡くなった霊魂を慰め、後に続く人々を激励する。二〇〇五年七月」。

広場の北側には、朱塗りの柱や窓枠と白い壁の対比が鮮やかな、正面の幅が十数メートルの祖廟が建てられている。中央にある入口の上部に「祠堂《ツータン》」と表示されるこの祖廟の中に犠牲者の位牌が収められている。

広場の南寄りには、高さ一〇メートルくらいはありそうな受難記念搭が建立されている。

午後三時半頃に潘家峪惨案陵園を出て帰路につく。陵園から直ぐに西に向かい、南北に延びる村の西側の山地を越えて隣の谷へ行くのだが、峠の辺りが工事中で一時的に通行止めにされているので、峠の手前でしばらく待機することになる。

峠の手前から東の方を見ると、潘家峪村は、東側と西側の山地に挟まれる、南北に延びるやや広い谷間にあることが分かる。つい先ほどまでいた陵園は南東の方に見える。北東の方には潘家峪の集落が拡がり、その集落は、一面のブドウ畑の中に民家がポツリポツリと建っているという感じだ。ブドウ畑の緑がとても美しく見える。かつて惨案に見舞われた潘家峪は、その酷い記憶を色濃く残しながら、今は平和に農業で暮らしている。その平和がいつまでも続くよう願わずにはおれない。

通行止めのため峠の手前で二時間以上待たされたあと、峠を越えてきた対向車の一群が午後五時四五分頃にまとめて通過する。その後、こちら側の車列が動き始め、午後五時五〇分頃に工事中の峠を越え、数分で隣の谷の幹線道路に下りる。あとは高速道路を通り一路唐山をめざす。そして、唐山市街にあるホテルに午後七時二〇分頃に到着する。

ホテルの食堂で夕食を食べ、部屋に入り落ち着いたあと、夜の唐山の街に散歩に出る。一九七六年の地震で唐山は壊滅し、現在ある建物の九九パーセントは一九七六年以降に建設されたものだということだ。幹線道路から一筋中に入ると、屋台の立ち並ぶ賑やかな飲食街や商店街がある。けっこう遅い時間だが、屋台にはそこそこ客が入り、にぎやかに楽しそうに飲み食いしている。中国人が食事をしているところを見るのは、いつものことながら楽しく元気が出てくる気分になる。

第五章　塘沽《タンクー》集中営（強制収容所）万人坑

訪中五日目の九月二七日は天津に行き、塘沽《タンクー》集中営（強制収容所）の万人坑や天津港（塘沽港）周辺を見て回る予定だ。唐山から天津までは約一〇〇キロで、一時間半ほどの移動時間を見込んでいる。そして、唐山市街にあるホテルを予定通り八時に出発したが、高速道路のインターチェンジの手前で渋滞につかまり、長蛇の車列はピクリとも動かない。霧のため高速道路が閉鎖されているとのことだ。あせってもしかたがなく、霧が晴れるのを待つしかない。

九時二六分に渋滞の車列がようやく動き始め、九時三三分に唐山南インターチェンジ料金所を通過し高速道路に入り、あとは順調に進む。そして一一時過ぎに、天津市の中心街から四〇キロほど離れたところにある塘沽の万人坑記念碑に到着する。

塘沽集中営と万人坑

塘沽万人坑記念碑は、大きなビルが建ち並ぶ塘沽の市街地のただ中にある公園の中に建立されていて、交通量の多い市街地の幹線道路が公園のすぐ脇を通っている。公園があるこの辺りから、北の方の現在は住宅団地になっている辺りまでが、塘沽集中営で死亡した中国人が捨てられ万人坑にされた地だということだ。しかし今は、樹木が多いきれいな公園に整備されていて、何も知らなければ市街地にある普通の公園だ。

塘沽万人坑記念碑

記念碑の台座に、塘沽集中営と万人坑の歴史がびっしりと刻まれている。

塘沽万人坑記念碑は、高さ十数メートルの一本の白い石の柱と、高さ数メートルの二本の白い石の柱が三角形状に配置され、その三本の柱から鎖で吊られる直径三メートルほどの円筒状の黒い輪と、万人坑記念碑と刻まれる黒い石の台座で構成されている。そして、黒い石の台座には、塘沽集中営と万人坑の歴史がびっしりと刻まれている。

塘沽集中営（注三）（強制収容所）は塘沽労工収容所あるいは塘沽労工訓練所などとも呼称され、華北でも比較的大きい強制収容所の一つである。その塘沽集中営と万人坑について塘沽万人坑記念碑の前で李秉剛さんがいろいろ説明してくれる。あと、翌日の九月二八日の話になるが、歴史研究者として著名な何天義《フォティエンイー》さんに石家庄で会い、何さんからも塘沽集中営について詳しく説明してもらい、何さんの著書『日軍侵華戦俘営総論』（注一二）（日本軍の中国侵略における捕虜収容所総論）もいただく。それらを合わせて塘沽集中営と万人坑について概要をまとめておこう。

（一）塘沽集中営

侵略者の日本が操つる華北労工協会が一九四一年七月八日に北京に設立され、その後すぐに天津に事務所が開設され、一九四二年一月には天津事務所塘沽分室も設置される。それからほどなく塘沽分室の下に千家堡労工紹介所や塘沽労工紹介所などが付設される。この華北労工協会天津事務所と所管組織の主要な任務は、天津や塘沽一帯で中国民衆を捕まえ、日本軍の軍事施設建設工事に労工として供給したり、日本の財閥に売り渡し「満州国」などに労工として送ることである。

一方、一九四三年に日本政府が中国人労工を日本本土に試験的に移入したあと、塘沽港は、中国人労工を日本に送り出す中継基地あるいは出発地となる。そして、大量の労工を日本本土に正式に移入するため、塘沽に労工収容所を建設するよう日本軍は華北労工協会に指示する。

塘沽労工収容所は一九四三年の秋に塘沽港徳大埠頭にまず建設され、華北労工協会天津事務所塘沽分室が管理する。ほどなく塘沽労工収容所は、新港卡子門《かしもん》の四号埠頭付近の冷凍公社に移転し、名称が塘沽労工訓練所に変わる。人々はそれを新港労工収容所と呼び、組織の所属関係は華北労工協会天津事務所の直接管理に変更された。

華北労工協会が各地で集め「行政供出」として塘沽労工訓練所（労工収容所―塘沽集中営）に収容する中国人はだいたい三つに分類できる。一つ目は捕まえられた抗日の軍民、二つ目はだまされたり労役を割り当てられ徴用された一般住民、三つ目は武装解除された漢奸《かんかん》（売国奴）部隊の要員だ。塘沽労工訓練所（以降は塘沽集中営と表記する）に集められた中国人は、身元確認・労工登録・体格検査・写真撮影・防疫を済ませたあと、いわゆる「訓練」を受けさせられた。また、塘沽集中営で訓練を受ける中国人は労働を強制さ

塘沽集中営遺跡

海と鉄道に挟まれる塘沽集中営の跡地は民間企業の敷地になっている（李秉剛氏提供写真）。

れることもあり、近くの軍事施設の土木工事に狩り出されたり、大沽塩田に連行され働かされたりする。強制労働に区切りがつくと、塘沽集中営の訓練部隊に戻される。

そして、「訓練」が一通り終了し部隊編成（組み分け）されたあと塘沽港から船に乗せられ、東北地方の大連や営口などの港に運ばれ、そこから東北（「満州国」）の各地へ移送された。塘沽から東北に移送された中国人は数万人規模になる。また、日本へ移送される中国人も多く、炭鉱など日本の各地で強制労働させられることになる。

一方、塘沽集中営は、労工移送の中継地という役割も持っていた。つまり、北平（北京）・石家庄・太原などの集中営（強制収容所・労工訓練所）に収容された中国人は夫々の集中営で「訓練」され、事務手続きを済ませ部隊編成されたあと塘沽集中営に移送された。塘沽集中営は、各地の集中営から送られて来る中国人を一時的に待機させるだけの施設として利用され、待機中の中国人が塘沽で労働を課されることは普通はなく、ただ時間をつぶし船を待つだけだ。輸送船が準備できるとすぐに塘沽港に送り出され、中国東北地方や日本に移送された。

こういう二つの役割を持つ塘沽集中営の歴代の所長は全て日本人である。初代は戸谷、そのあと中島・夏林・渡辺・山島らが引き継いだ。彼らはみな、虐殺に対しまばたき一つしない「ファッショ悪魔」である。日本人所長の下で日本人職員が集中営を管理し、日本兵が所内を警戒し秩序を維持する。日本兵の人数は不明だが、日本兵に協力する警察隊と二〇名余の警備隊も組織し、昼間は警察隊が見張りに立ち銃を持って集中営内を巡視し、夜は警備隊が棍棒を持って夜間当直につく。一般職員がつける腕章は白地のもので、職務が黒字で記されているのに対し、警備員の腕章は幅六寸（約二〇センチ）の赤地のもので、白字で「警備員」と記されていた。

労工を手際よく管理するため華北労工協会は中国人職員を事務員として派遣し、労工の出入りや中継移送などの手続きを日本人職員が処理するのを助けた。また、集中営内には大きな厨房が設けられ、約二〇人がもっぱら労工用に飯をつくった。

新港卡子門の東側（現在の第一航務工程局の公司船舶工程院の中）に移転された新しい塘沽集中営は海に面していて、東・南・西の三方は水に囲まれていた。北側には鉄道線が敷設されていて、汽車に詰め込まれて連行されてきた労工は塘沽集中営の前で汽車を降り、集中営に向かって歩かされた。その先には、鉄の骨組みを溶接して作られた門があり、門の上部に配置された丸い鉄板に「冷凍公司」という大きな四文字が書かれている。

集中営の構内の広さは、縦三〇〇メートル余・横二〇〇メートル余・面積六万平方メートル余で、大型の木造建屋五棟と小型の木造建屋一棟が東西方向に並んで建っている。大型の建屋は、元の大型倉庫を改造した建物なので、造りはとても大きい。各棟とも長さ約五〇メートルで最も大きいのは約八〇メートル、幅は約一五メートルで高さは二階建ての建物くらいあり、東西の壁には天窓が備え付けられている。建屋の南側には幅二〇メートルから三〇メートルの空地があり、北側にも幅三〇メートルから四〇メートルの空地がある。建屋と建屋の間隔は二〇メートルほどで、そこに貧弱な便所がある。そして、最も東側にある一棟は管理要員の宿舎と厨房として利用され、中間の三棟に中国人労工を収容し、その西側の一棟は病棟として使用された。さらに、最も西側の小型の木造建屋には警備隊が配置された。

大型木造建屋の北側の入口は閉鎖され、南側の入口から出入りする。南側の入口から建屋内に入ると、まず両側に夫々小部屋があり警備隊員が使用した。その奥に進むと、東西両側の壁沿いに南北方向に幅二メートルの長大な寝床が据え付けられている。大型の寝床は、棒杭を支えにして作られた木板の床で、高さは一尺（約三三センチ）ほどある。両側の寝床の間に、幅四メートルから五メートルの通路がある。通路には黄土が敷きつめられているが、いつもじとじとしている。

集中営の周囲は、深さ二メートル・幅四メートルの堀と、堀の内側の鉄条網と外側の電気柵で三重に囲まれている。労工の逃亡を防ぐため堀は水で満たされた。集中営に出入りするには検査を四回も受けなければならなかった。

さらに塘沽集中営は、別の三重の警戒網も備えている。最も内側は棍棒を持つ警備隊、中間はモーゼル銃で武装する警察、最も外側は銃を構え臨戦態勢をとる日本兵だ。大門には木造の望楼（監視塔）が備えられ、そこに機関銃と探照灯を据え付け、毎日二四時間日本兵が監視する。日本兵は一群の凶悪なシェパード犬を飼い、目を見開き舌を吐くシェパード犬を連れて集中営の中を毎日監視して回る。もし規律違反を見つけられたり看守から気に入らないと思われると、誰であれ日本兵がシェパードをけしかけ咬みつかせる。こうして、日本軍と警察が君臨する「暗い森」は恐怖に包まれ、人々はここを閻魔殿と呼んだ。

塘沽集中営は、天津特別市およびその他の地区の行政府が供出する労工の収用と訓練の任務を担い、その開設期間を通して労工訓練所であり続けた。

（二）塘沽集中営における虐待と虐殺

塘沽以外の集中営から移送されてきて塘沽で乗船を待つ労工は、各集中営で部隊として既に編成されていて、衣服の支給など種々の手続きも完了しているので、塘沽集中営では労工が暴動や逃亡を企てないようにするだけで良く、一般に多くの手間は不要であった。

一方、各地から連行されてきて塘沽集中営で最初に受け入れ、塘沽で訓練し部隊を編成する中国人に対する管理は非常に厳しく、虐待の末に殺害にまで至ることさえあった。

例えば、夏の六月に有蓋車で塘沽集中営に送られてきた強制連行被害者を、集中営の準備が整っていないため、一日か二日有蓋車に閉じ込めたまま下車させないことがあった。その間、飲料水も食事も支給されず、限界を超える酷暑にさらされる有蓋車の中で大勢の被害者が死亡した。この惨状を目撃した新港第一作業区馬車運輸隊の作業員は、八両か九両の車両からなる有蓋車一編成の扉を開けると、数百人もの被害者が車両内で死亡しているのが発見されたと証言している。

塘沽集中営に強制連行被害者が入場すると、真冬でも室外で、身に着けている衣服をまず脱ぐよう全員が強要される。脱衣を拒む者や脱衣が遅い者は殴られる。そのあと、集中営の汚い破れた衣服を職員が持って来るのを待つ。しかし、支給されるズボンにはベルトが無く、靴の大きさもデタラメだ。続けて職員は、労工に仕立てられる被害者（以降は労工と表記する）の髪を剃る。一つまみの毛髪を後頭部に残し労工の目印にすることもあった。

集中営で労工が食べるのは、カビが生えた豆やトウモロコシやドングリの粉で作るマントウと野菜や葉を煮たものだ。食事は一日に二回で、午前は九時から一〇時、午後は三時から四時の間に、たった一〇〇グラムの雑穀のマントウ一個と異臭がする塩漬けの野菜が毎回支給された。マントウは十分に蒸してないので、常に両手ですくうように持って食べる必要がある。さもないとバラバラになって落ちてしまう。人数が多いので、飯を作るのは大仕事だ。厨房でマントウを蒸すのに鍋が幾つも必要で、朝飯は明け方から作り始める。冬は、作ったときは温かかったマントウも食べる頃には冷えて氷のかたまりになり、色は粘土のようになる。氷のようなマントウは、よく噛まないと飲み込むこともできない。

飯を十分に食べれないだけでなく、水を飲むのはもっと困難だ。二本の木の棒が縛り付けてある水がめを、食事時になると四人で部屋に担ぎ入れ、十分であろうがなかろうが一人に一椀ずつ配る。水は大変に貴重なので、水を配る度に、労工たちは椀を持ち早くから順に並ぶ。そして、ひときわ注意して柄杓で水を汲む。不注意で少しでもこぼす人がいると、すぐに誰かが床に腹ばいになり水をなめ干す。

のどがひどく渇いて耐えきれず、口から泡を吹いて倒れる労工も少なくない。だから、日本人が顔を洗ったあとの水を飲む者がいるし、防水用の布にしみた水を絞って飲む者もいる。また、ある者は、窪みにたまる臭い雨水も探して飲む。ある労工は渇きで本当にどうにもならなくなり、看守の注意がそれた隙に冷たい水を数杯盗み飲んだ。すると腹が急に痛みだし、間もなく死亡した。波が打ち寄せる海が目の前にあるのに、水を飲むのは飯を食うより難しいと労工たちは言う。

一九四四年一一月に、集中営の一棟の大部屋に六〇〇余名の労工が収容された。人数が多いので、集中営で利用できる水は料理用の分しか無く、労工ののどは完全にカラカラになるほど渇いた。そのため、室外に出て雪を探し、軒下でつららを探して食べた。こっそり海辺に行き、苦くてしょっぱい海水をすくって飲む者もいる。凍傷で足が腐り外に出れない者は、部屋の突き当りにある便所に移動し、小便が凍ったのを食べた。小便の氷は食べ尽くされてしまった。床を這うこともできない労工は、身体が丈夫な者が小便をするとき、自分の口にするよう哀願し小便を飲んだ。この情景……、何と凄惨なことか！

労工が収容される建屋は、整地されていないでこぼこの沼地の上に建てられていた。木の板が張られた床の上にボロボロの葦のムシロが敷かれ、床下の沼地には一面に雑草が生え、一尺（三三センチ）くらいの深さの泥水の水辺でトノサマカエルが飛び跳ねる。雨季になると臭い水が氾濫し、カエルの鳴き声が響き、蚊がブンブンと飛び交う。

建屋の屋根は木板製で雨が降ると雨漏りし、夏は室内が湿気でじめじめしている。晴れると室内は蒸し暑く、この建屋は蒸籠《せいろ》か棺桶のようだと労工は叫んだ。一方、冬は暗くて寒く、とりわけ夜間の寒さは耐え難い。破れた毛布を少しだけ与えられたが布団はないので、身体を寄せ合いお互いに体温で温め合って寝るしかなかった。

一つの建屋に数百人が住み、乱雑にひしめき合い、空気は濁り臭気が人々を窒息させる。収監期間が比較的長い労工は身体中にシラミがわいた。頭髪は汚れて長く伸び顔じゅう泥だらけで、三分は人だが七分は鬼のように見える。

労工を徹底的に管理するため、集中営は過酷な規則を定めた。寝起きの時刻も厳しく規制され、夜が明けると労工は起きねばならない。そして衣服が来るのを待ち、衣服を身に着けたあと、昼間は座ることだけが許され横になることはできないので泥人形のように座り続ける。この間、労工は、国事（政治）について話すことも内緒話をすることもキョロキョロ見回すことも自由に歩き回ることも禁じられ、寝床から離れることもできない。

便所には許可を得てから行くことができる。しかし、昼間は一度に三人だけが行ける規則なので、数百人が収容されている建屋だと便所に行く者の長い行列が一日中できる。便所に行くのを待ちきれなくてズボンの中や部屋の中に大便を漏らしてしまう者もいる。このため、部屋の中のいたる所に糞尿があふれた。

外に出て労働しない時の労工は、便所へ行く以外は建屋から出ることはできず、昼間は室内でただ座っているだけだ。外に出ることができるのは一日に一度だけで、食事を済ませ太陽が山に沈む頃に全ての労工が建屋から出され、構内の空地で列に並び点呼を受ける。この十数分の間だけ労工は屋外で外気に触れ呼吸することができる。

点呼が終わると、労工は衣服を全て脱いで看守に渡し、素裸で眠らなければならない。寝る時は、頭から布団をかぶることも何かを枕にすることも話をすることも許されない。そして、夜は横になることだけが許され、監督の許可がなければ起きることも許されず、死人のように横になっていなければならない。もし違反すれば酷く打ちのめされる。牢獄にいる時間が長いとシラミが身体に長くいることになり、痒いのを逃れるため身体をかきたくなるが、動く度に棍棒で殴られる。人が多くて部屋が狭い時は、頭と足を互い違いに逆にして並べて寝かせられ、横になった後は連なる身体で身動きができない。

集中営内の全ての出入口は夫々警備隊が見張り、さらに、銃を持つ二名の鬼子兵（日本兵）が二時間毎に見回り監視する。労工を監視する警備隊を労工は棍棒隊と呼んだ。隊員は、湯呑の口くらいの太さがある長さ五尺（一・五メートル）の三角の棍棒を夫々が持っている。棍棒は黒く塗られ「労」という文字が書かれていて、労工はそれを「人食い棒」と呼んだ。警備隊は毎日二四時間労工を監視し、気に入らない労工を見つけると、頭であろうと尻であろうと棍棒で打ち据え、労工を殴り殺すこともいとわない。

その他にも、いろいろな名目の懲罰や虐待で警備隊や日本人職員は労工を苦しめた。たとえば、

①相互ビンタ—二人を対面して立たせ、互いに顔を殴らせる。音が響くほど強く殴らなければならない。殴る回数は決まっていないが、日本人職員が気晴らしできるまでやらせると、ようやく終わる。

②馬乗り—地面に腹ばいにさせた一人の背中に別の一人が乗り、地面を這って行ったり来たりさせる。日本人職員が満足すると、這っている者に突然立ち上がるように指示する。そして、背中に乗っている者の手足を天に向けた状態でたたき落とす。そのあと、同じことをまた始める。日本人が満足しないとそれを繰り返さなければならない。たたき落とされる人が頭を怪我して血を流したり、転倒して気絶ししばらく起き上がれないこともよくある。

③糞尿カメ—夜寝るとき、糞尿カメを部屋に運び入れ、寝床の脇の通路に置く。誰かが室内規定に違反するのを見つけると、日本人職員はその人を糞尿カメの上に腹ばいにさせ臭気をかがせ、臭気で吐き気を催し嘔吐するまで続けさせる。同胞がカメに腹ばいにさせられ罰を受けているとき、他の者が大小便をしたくなり状況を確かめようと動くと、棍棒隊が棍棒で脅しカメに連れていき大小便をさせ、わざと労工を侮辱した。

侮辱や虐待はまだましだ。日本兵は好き勝手に労工を殺害する。たとえば、石家庄から行政供出され一九四四年の春に連行されてきた郭趁新らの一団が汽車を降り集中営に入ったあと混乱が発生したため、歩哨所の日本兵が郭趁新らに向け発砲し、七人か八人がその場で殺害された。別のある時、日本に行くのを拒んだ

と見做された回族の労工は日本人職員に棍棒で頭を殴られ、冤罪を負わされたまま死んだ。涞水県水碑村《らいすい》のある農民工は、煙草を吸いたくなり、棉花を用いて灯火で煙草に火をつけて吸ったところを警備隊に見つかり、日本人に通報される。日本人は、その農民工が灯火をねじ消し闇に乗じて仲間を逃走させようとしたのだと言い、その結果、農民工は日本人に殴り殺され、門に吊り下げられて見せしめにされた。

以上に見てきたように、集中営では酷い虐待が横行しているうえに基本的な生活条件が劣悪なため、労工の多くが病気になる。糠のマントウを食べて水を飲めなくなる者、飯を食べれなくなる者、大便がカチカチになって出血する者、高熱に苦しめられる者や、生水を飲んで胃腸病になり下痢をする者もいる。

病気になり、夕刻の点呼の時に外に出て列に並ぶことができない者は、重病人を収容する病棟（四号棟）に送り込まれ、地獄の入口に入るのを待つことになる。病棟には医者もおらず薬も無く、発熱した病人は動くこともできない。さらに、室内には臭気が充満し、その中に居れば健康な人でも病に倒れるような情況だ。元気になって出てくる人はほとんどおらず、重病人はただ床に伏せ死を待つしかない。もし病棟で、コレラなど伝染病の発生が疑われると、まだ息のある者もムシロに巻かれて引きずり出され、生き埋めにされた。ある時、一人の労工が腹が痛いと叫ぶと、日本人の医者がやって来て、病人の様子を見て注射を一本うった。本来ならそれで元気になるはずだが、その労工はすぐに死んだ。病棟のただ一つの取柄は、棍棒隊の監視を受けることがないことだ。

労工の牟翰章《ぼうかんしょう》は、病棟にこっそりと近づきそこで見た情景を次のように証言している。痩せて骨と皮ばかりになった大勢の労工が床に横たわり泣き叫んでいる。ある者は高熱でうわごとを言っている。ある者は腹を両手でかかえ、ちぢこまり、うめき声を上げている。ある者は目を閉じ、口を開けたまま気を失っている。

ある者は息も絶え絶えで、身体を動かす力もない。緑色の頭のハエが周囲をブンブン飛び回り、目や鼻の孔に白い卵を産み付けている。その見るに忍びない惨状を牟翰章はいつまでも忘れることができない。

(三) 塘沽から日本へ移送された中国人労工

三菱美唄鉱業所勤労課にかつて勤めた西村武夫は次のように話している。

「昭和一九年(一九四四年)八月に、三菱鉱業所から指示を受け私は北京へ行った。目的は、中国人労務者を受け取ることだ。

塘沽《タンクー》の北砲台にとても大きな収容所がある。収容人数は二〇〇〇人くらいだ。収容者の情況を聞くと、ほとんどが商人か普通の庶民であり、どういう理由で収容されたのかどの人もはっきりしていない。収容所では粗末な食事しか与えられず、飲み水は遠くから運ぶので、中国人が一日に分け与えられる水はコップ二杯だ。

収容所は不潔で、病人と死人があふれる暗黒の世界だ。そして毎日死者が出る。通常だと死体をゴザで巻き、付近にある深さ一尺余(三三センチ余)の浅い穴に投げ入れる。次の日には、死体は野犬の食い物になっている。

一〇月上旬、労工は両手を縛られ船倉に詰め込まれる。遠ざかる故郷と生死が不明の前途に彼らは向き合わされ、雨滴のように流れる絶望の涙が彼らの顔を濡らす。この光景を、今に至るまで私は忘れることができない。

大阪に着いた彼らを迎えるのは、実弾を込めた銃を構える警察と、棍棒を持つ監視員だ。煉獄の大門が彼らを待ち受ける。このようにして三〇〇余名の中国人を連れて私は日本に帰った」。

さて、塘沽集中営で直接訓練し日本に送るため編成した労工の人数には今のところ二つの説があり、新港労工収容所警備隊長だった王焕全は、一九四四年五月から一九四五年五月の間に日本に送った労工は全部で六回・約三七〇〇人だと一九七〇年六月九日に供述している。一方、日本の「外務省報告書」[注一三]には、訓練地が塘沽集中営である労工は、一九四四年一月から一二月の間に全部で一四回・三六六三人が日本に移送されたと記録されている。両者の人数は近いが、期間と回数は差異が大きい。しかし、前者が記憶に基づく推定の供述であるのに対し、後者は具体的な統計史料であり労工の名簿も存在する。外務省報告書を見れば、塘沽集中営で直接訓練され日本へ移送された労工は約三七〇〇人だという説は信用できる。

一方、塘沽集中営は塘沽港に隣接し、塘沽港は当時、華北と日本を結ぶ主要な港の一つだった。そのため、既に記したことだが、塘沽集中営は、自前で労工を訓練し移送する以外に、華北各地の行政府が供出し石家庄・太原・北平の各集中営で訓練された労工を日本へ移送する際の中継基地という任務も担った。これらの労工は、塘沽に移送されて来る前に、部隊編成や服装の支給や出国手続きなど基本的な手続きを全て処置されていた。だから彼らは、塘沽集中営では乗船を待つだけだ。ある時は一日か二日待ち、ある時は十余日待つ。適当な船が無ければ、また汽車に乗せられ青島に移送され、青島から船に乗せられ日本へ移送された。

労工の中継地となる集中営は、「満州国」の大連や、済南集中営で編成された労工の中継地とされた青島にもあるが、塘沽の集中営が最も大きいものだ。また、塘沽と青島以外から日本に移送される労工は少なかった。そして日本では、門司港に入港することが多かった。

日本の外務省の集計によると、中国から日本へ労工を強制連行した回数は一六九回になる。このうち、塘沽から労工を乗船させ日本に移送した回数は八六回で五一パーセントを占める。また、中国から日本へ強制連行した労工の人数は三万八九三五人になるが、そのうち塘沽から乗船させたのは二万六八六人であり、中国人強制連行人数の五三パーセントを占める。

（四）労工の反抗闘争

集中営は労工の地獄だ。病気で死んでいく仲間らの悲惨な命運を見てきた労工は、将来もし日本に送られれば良い結果はないと思わざるをえない。そのため、抑圧されたまま死をただ待つ運命に甘んじることができず、生きることを求め反抗闘争を実行する人たちがいた。ある者は海に飛び込み逃走するが、日本兵に銃で撃たれて死ぬ。ある者は逃走に失敗し捕まえられ、連れ戻されて腕を切り落とされた。ある者は縛られて電柱に吊り下げられ、見せしめにされた。ある者は、打ち殺されたあと海に捨てられた。しかし、労工の逃走や暴動など反抗闘争はいつも絶えることはない。

このような逃走や暴動の際に、警備隊員の支援を労工たちが得ることもあった。警備隊員の一部は、労工から流用された者であるため、労工と同じような経歴と境遇を彼らも持っている。労工の暴動に出くわした警備隊員のうちある者は、ただ声を出すだけで手は出さなかった。ある者は、暴動を起こした労工といっしょに集中営から逃げ出した。このため、日本兵に見つかり殺される警備隊員もいる。さらに塘沽集中営では、労工から流用された警備隊員全員が逃亡する事態も発生した。

（五）膨大な犠牲者と万人坑

集中営では毎日死者が出る。ある時は一日に数名が死に、ある時は一日に数十名が死ぬ。労工が死ぬと、最初のうちは、ボロボロの麻袋で死体をくるむかムシロで一巻きし、二体を縄で縛り、人手を集めて集中営の外部の空地に運び、一体毎に穴を一つ掘り、土をかけて埋めた。

その後、死ぬ人数が多くなり人手では運びきれなくなると、劉涛《りゅうとう》という者を雇い小型のロバ車で集中営の外に死体を運んだ。その次は、大型の馬車を雇い死体を運んだ。死者が非常に多くなると麻袋もムシロも無くなり、麦の束を扱うのと同じように死体を裸のまま馬車に投げ入れて外に運び、付近の人捨て場に大きな穴を掘り一度に数十体をまとめて埋め、その上に適当に土をかけた。また、ある時は死体を海に運んで捨てた。ある労工は明らかにまだ息があり治療すれば助けれるのに、日本人は死人と見做して外に運び出した。

寒い冬に労工が死ぬと、部屋の突き当りの便所の近くに死体を仮置きし、二日か三日積み上げたままにしておき、それから外に運んだ。一九四四年の冬の雪が降ったある日、死ぬ人数がとても多くて大型トラックが死体で満載になったことがある。

しかし、死者が最も多い場合として、労工の暴動を鎮圧する時のことを外すわけにはいかない。当時、ある暴動で死亡した犠牲者の遺体を運んだ張福利の回想によると、一日目の鎮圧で二〇〇人余が死亡し、二日目に一八〇人余が死亡し、三日目に一二〇人余が死亡した。その後も、多数の死者が出る日が何日も続き、二〇人余を積み込める車を毎日一台から数台使い死体を外に運び出した。

人捨て場では、死体を運んできた人がまだ立ち去らないうちに周辺の野犬が死体を引きずり出し、引き裂いて食い始める。上空のカラスも群れを成してやってきて、骨に付いている肉片をつついて食べた。暑くな

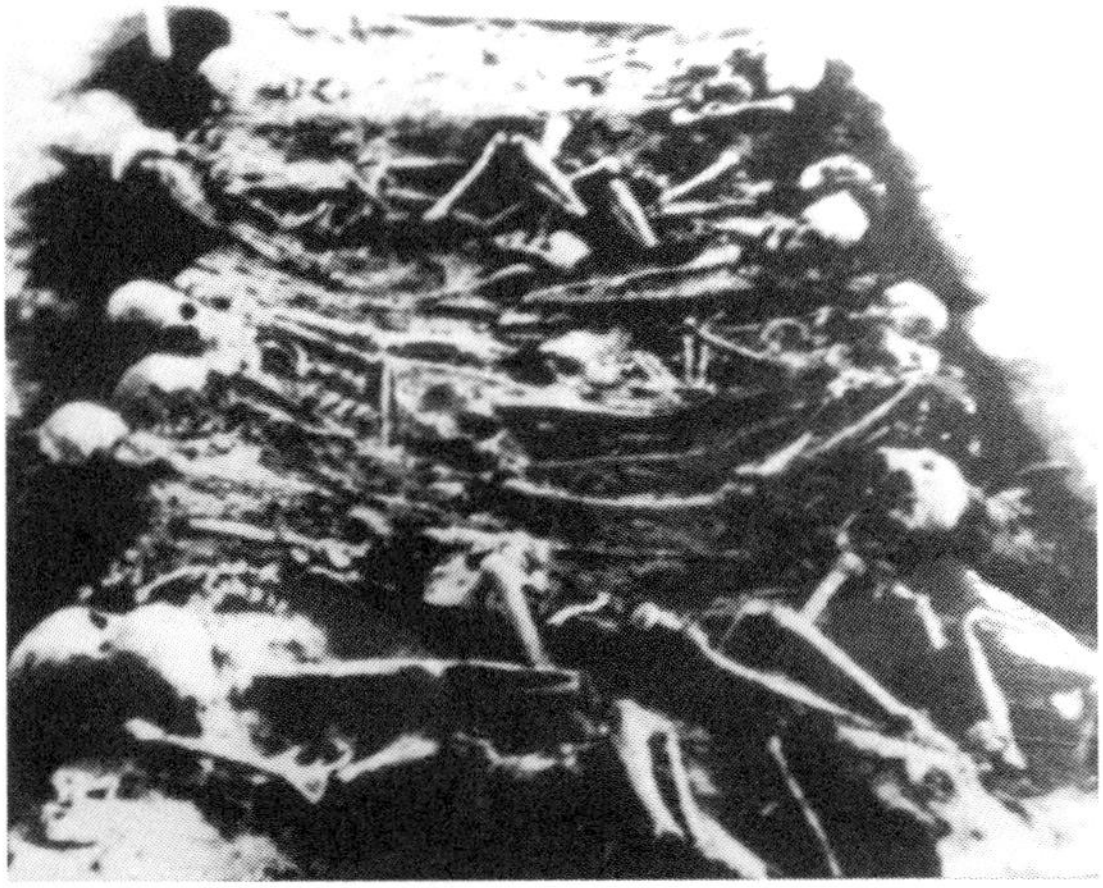

塘沽集中営万人坑の遺骨
一九五五年に塘沽区政府が実施した発掘調査で、地面を半尺も掘ると遺骨が現われた（李秉剛氏提供写真）。

ると、万人坑とその周辺に臭気が充満する。大雨が降れば白骨が地表に露出する。人捨て場を通るとき人々はいつでも回り道をしなければならない。

こうして、長期間にわたり至る所に死体が捨てられた塘沽集中営の周辺は、飢えた犬が狂ったように吠える万人坑と化した。

一九五五年に塘沽区政府は民生課（役所の民生担当部署）に担当させ、大通りの片側部分に広がっている万人坑を発掘した。遺骨を掘り出した労働者の報告によると、地面を半尺（十数センチ）も掘ると遺骨が現われたとのことだ。掘り出された遺骨は、塩分を多く含む水の中に長年浸かっていたので変質していない。また、原因は分からないが、多数の頭蓋骨と一柱の遺体（遺骨）が詰め込まれている木箱一個が見つかった。この発掘作業で収集された遺骨は全てワラ袋に収納された。この時はわずかな面積を発掘しただけだが、遺骨を収納したワラ袋は、ある者は一〇〇余袋あったと言い、ある者は三〇〇余袋あったと話す。その全てが塘沽第二公墓に運ばれ埋葬された。

また、「文化大革命」の時期には、南開大学歴史学部の学生が塘沽集中営と万人坑について調査している。

さらに、一九七〇年代から一九八〇年代にかけて、塘沽港務局港史編纂組と中国共産党塘沽区委員会党史資料収集事務所も調査を行なった。塘沽港務局の調査によると、二年に満たない期間に塘沽集中営で死亡した労工は一万人を超えていて、塘沽集中営万人坑は名実ともに「万人」坑だと言うことができる。その万人坑の範囲は、西は現在の運輸隊のポンプ室、東は卡子門《かしもん》、北は新港南路、南は航路局航路標識隊鉄道の北側に至る三角地帯になる。

塘沽万人坑記念碑の前で李秉剛さんから受けた説明と、この翌日に何天義さんから説明されたことと、何天義さんの著書『日軍侵華戦俘営総論』（日本軍の中国侵略における捕虜収容所総論）(注一二)を基に塘沽集中営と万人坑について概要をまとめると以上のようになる。

塘沽万人坑記念碑

塘沽万人坑記念碑は一九九二年八月に塘沽区人民政府により万人坑遺跡の現地に建立された。記念碑の台座の正面に大きな文字で「万人坑記念碑」と刻まれ、その下部に歴史事実が次のように刻まれている。

「万人坑」。日本侵略者が労工を虐殺し死体を埋めた地である。死者の名前は分からない。その人数も分からない。村人がそう言い伝えている。

海河一水、（中国と日本は）協力して暮らしてきた。それなのに、日本は中国を侵略し要衝を攻撃する。しかし、日本の兵力は枯渇し労働力は欠乏し国力は消耗し、一九四三年には既に窮地に陥り末路を歩んでいた。

戦争を強引に支えるため、全く欲しいままに日本は中国で労工を捕まえ服役させる。そのため塘沽に労工収容所を建設し、水路を利用して労工を拘禁し、幾つかの組に分け東（日本）へ移送する。

労工収容所は卡子門の東に建設された。北は鉄道線路に面し南は海だ。境界（広さ）は縦三〇〇メートル・横二〇〇メートル。構内に木造の建屋が六棟造られ、周囲は深い堀で囲まれる。（日本は）歩哨所を設置し収容所を警備する。外部には何重にも電気柵（網）を据え付け、囲いに閉じ込める。内部には凶暴な兵と狼犬（シェパード犬）を配置し監視する。風は冷たく陽は暗い。暗い森は恐ろしく、人間地獄であるだけにとどまらない。収容された労工は囚人服を着せられ、髪は刈られ標識を付けられる。食べ物は、人が食べるものではなく量も少ない。

（労工は）しばしば刑罰を受けた。（労工の扱いは）豚や犬にも劣る。さらに、酷暑に水も飲めず、のどが渇いて死ぬ者もいる。あるいは、刑罰で飢え死にする者もいる。病気になる者、さらに、細菌試験の「材料」にされる者も多い。労工が死亡しない日は一日もない。初めのうちは人が担ぎ、後には車で運び、死体はみなここに捨てられた。労工の惨劇には慄然とさせられ正視できない。日本侵略者の残忍さは言葉では言い尽くせない。

労工は甘んじて死を待つだけではない。暴動を起こす者がたくさんいた。しかし、生身で銃剣に立ち向かうことはできず、ほとんどが成功しなかった。ただし、地下党員の劉建民だけは自ら尽力し組織に関わり、一九四四年に暴動に成功する。銃撃で七人が死んだが、一一四人は逃げ出すことができた。

当時を思うと、天は怒り人も恨む

我が同胞はただただ犠牲にされた

遺骨は荒野にさらされ弔う人もない
草すらも生えず闇夜に慟哭が聞こえる
朝は霜、夕は雪、魂が帰る道はない
年月は過ぎ、胸の内を誰が訴えるのか？
しかし今は幸いだ。国は強くなった
この地に碑を建て霊魂を慰める
文を刻んで死者を悼み後世の人に伝える
天津市塘沽人民政府立
西暦一九九二年八月

万人坑記念碑の前で私たちは犠牲者追悼式を行なう。これまでと同様に、「不忘悲痛之事実、反省・平和・追悼」と書いた色紙と花を供え、犠牲者を追悼する言葉を野津喜美子さんが中国語で読み上げる。

犠牲者追悼式を行なったあと、一二時頃に万人坑記念碑を出発し、記念碑のすぐ近くにある天津港へ行く。かつて、強制連行被害者の中国人が中国東北地方や日本に送り出された港だ。その天津港も今は、荷役用のクレーンが林立する近代的な港になっている。港と町をつなぐ複線の鉄道線路も敷設されていて貨物列車が走っている。

一二時半頃に天津港を出て、一〇分ほどで目当ての食堂に着き昼食を食べる。「越来福海海鮮食府」という看板を掲げる店で、料理はとても旨い。

第六章　天津市烈士陵園

天津港に近いところにある食堂・越来福海海鮮食府を午後一時四〇分頃に出発し、天津市烈士陵園・在日殉難烈士労工記念館に向かう。以前は天津市内にあった施設を二〇〇六年に現在の地に移転した新しい記念館で、天津港から六〇キロくらい離れている。

天津の街は市の中央を川が流れ道路が狭くて一方通行が多く、さらに地名が難解で、天津以外から来る運転手はあまり行きたがらない。ガイドの張鉄民さんが観光客をバスで案内するときは、地元のタクシーを雇いバスを先導してもらうとのことだ。

天津市烈士陵園に行くのにけっこう時間がかかり、午後三時半過ぎにようやく到着する。閉園時刻は午後四時ということだが、閉園時刻を過ぎても良いという了解を得て正面の入口から陵園に入場する。

中国人強制連行と天津市烈士陵園

天津市烈士陵園には主要な施設が三つ設置されている。そのうち在日殉難烈士労工記念館が正面入口から見て一番手前にあり、その奥に革命烈士記念館、さらにその奥に建国後烈士記念館が並んでいる。夫々が、日本の大きな寺院の本堂のような造りの巨大な建物だ。

私たちは、正門から一番近いところにある在日殉難烈士労工記念館（注二四）の二階に開設されている展示室にまず入場する。その展示の主題は「東海の血と涙、日本における中国人労工」とされ、日本に連行された中国人の強制労働の実態と、日本人による戦後の遺骨返還運動や真相究明の努力などが、歴史史料や写真・解説・図表などのパネルあるいは立体模型や地図などで説明されている。展示を見ながら説明されたことなどを基に、日本国内（内地）への中国人強制連行と天津市烈士陵園について概要をまとめておこう。

「戦争により戦争を養う（遂行する）」という中国侵略の構図（注）を維持するため、また、日本国内（内地）の労働力不足という苦境を打開するため、日本は、北平（北京）・天津・青島・石家庄・済南などに労工収容所を設立し、華北を中心とする中国国内で大勢の中国人を捕まえ、「満州国」や日本国内などに移送した。

（注）北支那方面軍が隷下各兵団に示達した一九四二年の「年度計画の方針ならびに要領に明らかなように、華北はアジア・太平洋戦争の『戦力の培養補給』の基地と位置づけられ、食料、資源、労働力の安定供給のために、未治安地区にたいする『剿共討伐作戦』の実施と治安地区・准治安地区における『治安強化運動』が緊急施策として遂行されることになった（注二一）」。

天津市烈士陵園
在日殉難烈士労工記念館（左）と革命烈士記念館（中）と建国後烈士記念館（右）が並んでいる。

このうち、中国人の日本国内への移送については、一九四二年一一月二七日に日本政府が閣議決定し、一九四三年から一九四五年にかけ中国の戦争捕虜と一般民衆を日本に強制連行した。日本の外務省報告書(注二三)によると、日本に強制連行された中国人は三万八九三五人で、その中に、一一歳から一五歳の一五七人、一六歳から一九歳の二五八三人、六〇歳から六九歳の二三六人、七〇歳から七八歳の一二人も含まれている。

日本に強制連行された中国人は、三五の企業の一三五カ所の事業所において、鉱山採掘・トンネル掘削・荷役・河川切替・道路工事・発電所建設・飛行場建設などの現場で、限界を超えた肉体労働を強制される。そして、二年足らずの間に六八三〇人が日本で命を落とし、六七七八人が傷害を受けた。この日本への強制連行により、万の単位の中国の家庭が一家離散し、家系が絶えた家族もたくさんあった。

天津は強制連行被害者を送り出した地の一つであるが、日本の敗戦後、生存者が帰国する時も一万人以上が天津に帰り着いている。また、生存者の帰国時に犠牲者の遺骨の一部は中国に持ち帰られたが、その一部は天津にも持ち帰られ、その内のあるものは天津西青区に埋葬された。このように、一部の遺骨は中国に持ち帰られたが、日本で死亡した犠牲者の遺骨の多くは、山野に放置されたままか所在不明になるなどで日本に残されたままになる。

しかし、鹿島建設が中国人を強制労働させた花岡で、散乱している遺骨が一九四九年に発見されたのをきっかけに、遺骨の調査・収集と中国への送還が日本の民間の手によって全国的に進められることになる。これは、日中民間友好交流の始まりであった。そして、一九五三年七月から一九六四年一一月の間に九次にわたり、収集された遺骨のうち二八六三柱が民間の手で天津に送り返された。(注二五)(注二六)今回、私たちが訪ねている天津市烈士陵園・在日殉難烈士労工記念館に安置されているのは、この遺骨送還運動によって日本から中国に送り返されてきた遺骨だ。日本における中国人殉難者の遺骨が天津に安置されていることを日本人は知っておくべきだろう。

さて、当初の天津市烈士陵園・在日殉難烈士労工記念館は、現在の天津市北辰区北倉に一九五五年六月に建設された。その後、一九七一年に水上公園に移設され、一九七五年八月に建築面積二三七平方メートルの抗日殉難烈士記念館が水上公園天津烈士陵園内に再建される。同時に抗日殉難烈士名簿壁が設置され、日本各地の一三五の事業所で殉難した中国人労工犠牲者六七二三名の名前が壁面に刻まれた。このとき、抗日殉難烈士記念彫塑も設置されている。

さらに二〇〇五年に、天津市共産党委員会と天津市政府が烈士陵園の改築を決定し、二〇〇六年に天津市北振区鉄東路一号に、敷地面積六万七〇〇〇平方メートル・建屋建築面積八〇〇〇平方メートルの現在の天津市烈士陵園が開設された。そのうち、在日殉難烈士労工記念館の建築面積は一三五二平方メートルを占めている。

労工記念館の一階には納骨堂が設営され、日本から送還された中国人労工の遺骨二三一六柱が安置されている。日本から送還された遺骨のある部分は遺族に引き取られるなどしているので、送還された遺骨が全て保管されているわけではない。そして、現在安置されている遺骨二三一六柱のうち、姓名・原籍とも記載されているのは四〇一柱、姓名だけが記載され原籍は不明なのが一六七一柱、姓名・原籍とも不明なのが二四六柱だと説明されている（分類別の数の合計と総数は合っていない）。

労工記念館の展示の骨子は、当初から中日双方が協力して構想し、骨子に沿うように展示資料を作成し完成させるため、日本の支援者や在日華僑中日交流促進会などの人たちが二〇〇五年一一月から何度も天津に来て展示内容や陳列方法を共同で研究し、史料を収集し、双方の意向を整合させた。そして、日本における中国人殉難の事実を後に続く人々に提供し、歴史を正視し学ぶことができるようにされた。日本の支援者たちは展示のために一〇〇万元（二〇〇〇万円くらい）の寄附も行なっている。

天津市共産党委員会および天津市政府の支持と日本の支援者の協力により天津市烈士陵園在日殉難烈士労工記念館は二〇〇六年八月一八日に竣工し一般公開された。同日に挙行された完成公開式典には、元衆議院議長の土井たか子さん、在日華僑中日交流促進会の林伯耀さん、天津市副市長の只昇華さん、香港愛国者の陳君実さんらも参列している。

新しい労工記念館の開館から五年間で、日本の政府要人や民間団体関係者・宗教者・華僑を含め中国内外から五万人近い人々が来館した。このような労工記念館を中国は次のように評価している。「労工記念館の活動を続けることは、日本軍国主義が中国侵略で犯した数々の罪行を明らかにして告発し、歴史を忘れぬよう中日両国民に啓示し、歴史を鑑として未来に向かう歩みを進めることである。中日両国はお互いに大切な隣人であり、長期安定の中日善隣友好関係を共に発展させることは両国と両国人民の根本的利益に合致するだけでなく、この地域と世界の平和と穏やかな発展に寄与する」。

労工記念館二階の展示を見ながら説明されたことなどを基に、日本国内への中国人強制連行と天津市烈士陵園について概要をまとめると以上のようになる。

中国に返った犠牲者の遺骨

労工記念館の一階に降りると、「抗日殉難烈士之位」と記される大きな位牌を中心に、犠牲者を追悼する祭壇が設置されていて、たくさんの花が供えられている。そして、その奥に設置された棚に、日本から送還された遺骨が一柱ずつ安置されている。

在日殉難烈士遺骨安置室
労工記念館一階の遺骨安置室に、図書館の書架のように遺骨収納庫が並んでいる。

遺骨が安置されている棚は、日本の鉄道駅などに設置されているコインロッカーのような感じのもので、遺骨を一柱ずつ納める収納庫が縦に数段から一〇段くらい、横に数列から十数列並ぶ構造のいろいろな棚が、大きな図書館に設置された書架のように並んでいる。個々の収納庫の出し入れの扉には透明のガラスがはめ込まれているので、中に納められた遺骨を確認できるが、遺骨の多くは、三〇センチか四〇センチ四方くらいの木箱に納められている。

在日殉難烈士労工記念館を初めて訪ね受難者の遺骨を目の当たりにし、日中間に国交がない時代に遺骨送還運動に取り組んだ人たちの努力に感嘆し感謝するばかりだ。

在日殉難烈士労工記念館の展示と遺骨を足早に確認するだけで、烈士陵園の閉園時刻はとっくに過ぎている。そのため、労工記念館の隣に並んで配置されている革命烈士記念館と建国後烈士記念館の見学は断念する。

これら三館の前に広大な庭園が広がり、庭園に備えられた広大な花壇には赤や黄や桃色の花がちょうど咲きそろっている。その花壇を手入れする人たちが何人かいるが、お年寄りの奉仕活動のようだ。

庭園の中央には、革命烈士記念碑と記される高さ二〇メートルくらいはありそうな巨大な石碑が建立されている。また、庭園の一角には、「在日殉難烈士・労工千古」と記される高さ五メートルはありそうな労工の黒い彫像が設置されている。中国語の「千古」は文字通り長い年月を示すほか、哀悼の意を表しながら永別するという意味がある。この彫像の背後に、「抗日戦争時期在日殉難同胞名簿壁」という名称の、黒い石で造られた巨大な壁が設置され、日本で死亡した強制連行被害者の名前が刻まれている。

日本から送還された遺骨
夫々の収納庫に、白木の箱などに納められた遺骨が安置されている。

天津から保定へ

午後四時半頃に天津市烈士陵園を出発し保定に向かう。保定までは約二三五キロで、三時間の移動時間を予定している。河北省の人口は六八〇〇万人で省都の石家庄の人口は九〇〇〇万人だが、保定の人口は石家庄より多い一〇〇〇〇万人を数え、そのうち一二〇万人が市内に住んでいる。ガイドの張さんは保定に四年間住んだことがあるそうだ。

午後六時五〇分頃に保定インターチェンジで高速道路を降り、午後七時一〇分頃に保定市内の食堂に到着する。保定はロバ肉の料理が有名ということなので、ロバ肉のハンバーグや煮付けなどを食べる。夕食を済ませたあと、保定市建華大街にあるホテル・保定世紀花園酒店に向かい、午後八時四〇分過ぎにホテルに入る。

この夜は、李秉剛さんを交えて、今回の訪問先のことや中国の現状などについていろいろ話をする。その中で李さんは、中国の愛国主義とは何かという質問に対し、他国から何度も侵略された中国にとっては国を強くすることが最も重要なことであり、国が強くなれば個人の生活は守られるので、金や労働など個人ができることで国に貢献することが必要だと説明する。また、中国における国と個人の関係については、国の利益が第一であり、個人の利益が国の利益を超えないようにしているとも話す。

性暴力や強制労働の被害者が謝罪と賠償を日本に要求し行動していることに対し中国政府はどう考えているのかという質問に対しては、この種の問題については明確な判断を示すべきではないと中国政府は考えていると李さんは答える。中国政府の担当官は、賠償に関わる歴史認識を取材などで問われても発言しないし、被害者が支援を要請しても政府は対応しない。強制労働被害者への支援を李さん自身も提案したことがあるが、政府担当者は対応しないということだ。

かなり遅い時間（午後一〇時半くらい）まで私たちとの懇談に付き合ってくれる李さんに感謝している。

第七章　冉庄の地道戦

冉庄《ランジュアン》地道戦陳列館

訪中六日目の九月二八日は、保定市の郊外にある日中戦争時の戦争遺跡・冉庄《ランジュアン》を午前中に訪ねる予定だ。冉庄はそう大きくはない村だが、地道戦の村として有名だ。ここで言う地道戦の「地道」は中国語であり、軍事施設としての地下道のことを指している。

保定市街にあるホテルを朝八時に出発し、一般道路を通り、保定市郊外にある清苑県冉庄に向かい、冉庄地道戦陳列館に九時頃に到着する。冉庄の地道戦遺跡は一九五八年から公開されているが、二〇一〇年八月に開館した新しい冉庄地道戦陳列館は、一般の学校にある体育館くらいの大きさがあり、なかなか立派な施設のようだ。

駐車場にバスを停め、入場料を払って地道戦陳列館に入る。館内には、写真と解説のパネル、彫像や立体模型、日中戦争時に使用された爆弾や銃や剣などの武器や生活用品などの遺物、主要幹線と支線で構成される地道（地下道）の配置図と特徴的な地道構造を示す模型などがたくさん配置・展示され、冉庄の歴史と地道戦について詳しく説明されている。

道路に沿って民家が建ち並ぶ日中戦争当時の冉庄村の様子を、映画の撮影現場のように作り上げ実物大で再現している展示は見ごたえがある。そこには、地道の出入口がいろいろな場所に隠されていて、なかなか興味深い。また、いろいろな抗日活動をしている人たちの実物大の模型が幾つか配置され、当時の村や人々の様子を分かりやすく示している。これらの展示が示す冉庄の歴史を簡単にまとめておこう。

冉庄の抗日闘争と地道戦

一九三一年に日本は九一八事変（「満州」事変）を引き起こし、わずか四カ月で中国東北三省を占領する。一九三七年には盧溝橋事件を口実に華北の大地にも日本は襲いかかり、冀中《きちゅう》（河北省中部）はすぐに陥落し、冀中人民は困難な情況に置かれる。

冉庄村がある清苑県は冀中平原のただなかにあり、清苑県も冉庄村も被害を免れることはできなかった。一例として、冉庄地道戦陳列館に展示されている解説パネルの中に、「日本軍が清苑（県）で引き起こした一三カ所の惨劇」という表題の一覧表があり、一三カ所で引き起こされた一五件の惨劇が記されている（南日庄での惨劇が三件、他の一二カ所は夫々一件ずつ。そのうち、死者数が最も多いのは一九四〇年四月一六日の北王力惨案で、八路軍兵士一五〇名と村民一六名が死亡。他の惨案の死者数は数名から三〇名程度まで）。一三カ所のうちの一カ所が冉庄であり、一九三九年七月三一日に日本軍の襲撃により引き起こされた惨案で、無辜の住民一三人が死亡し、一一人が拉致され、一一人が負傷し、家屋（部屋）七〇〇余間が焼失した。

地下道闘争（地道戦）は、日本軍の拠点が割合と近くにあり、平地なので隠れるところがなく日本軍の攻撃を最も激しく受ける村々が生み出したものであり、最初の地下道は、人々が蛤蟆蹲《ハマドン》（カエルが地中でじっとしている様子）と呼ぶ、出入口が一つだけの護身用の簡単な単口洞だ。そこから双口洞・多口洞に発展していく。

地下道と地下道戦で広く知られている冉庄では、日本軍の攻撃から自らを守るため一九三八年から地下道を掘り始めた。冉庄の人々は、共産党の指導の下で大衆の知恵と力を結集し各種の戦術的構造を組み入れ、出入口を隠すなど作戦と形勢の変化に応じて巧妙に工夫し地下道を拡張する。水で攻められれば井戸に流し、火で攻められれば上方に炎を逃がすなどいろいろな工夫を凝らしている。

最後には、四本の主要幹線と二四本の補助支線を有し地下の長城とも言われる総延長一六キロの地下道網を造り上げた。地下道には四〇五カ所の出入口があり、闘いに備える工夫が凝らされている四五〇世帯のほぼ全ての住居に出入口が設置され各戸がつながっている。しかし、地下通路の高さは一メートルから一メートル半、幅は七〇センチほどで、移動は容易ではない。

地下道内での連絡には、石油缶などの音が出るものや土電話（糸電話）が使用された。また、地下道内には、火薬を作る作業場（兵器工場）や会議室や医務室も設営され、女性もいっしょに闘った。

一方、地下道は、日本軍の攻撃から身を守るためだけの施設ではなく、敵を攻撃するための小さい射撃口をたくさん備え、日本軍が通り過ぎると地下道から出て背後から日本軍を攻撃するゲリラ作戦を遂行した。そして、抗日戦争とその後の解放戦争の中で冉庄人民は敵との攻防に地下道を一五七回利用し、二一〇〇名余の敵を殲滅した。

このように冉庄において典型的に見れるように、地下道戦という独特な形式で冀中の人々は侵略者の日本と闘った。河北省中部に造られた地下道の総延長は二万五〇〇〇里（一万二五〇〇キロ）になるという。しかし、その中で地下道が保存されているのは冉庄を含め三カ所だけとのことだ。そして、映画『地道戦』の主な場面は冉庄村で撮影されている。

冉庄の地道戦遺跡は、一九六一年に国務院により第一回目の全国重点文物保護単位に指定されたあと、以下のように多くの指定を受けている。一九九四年に河北省愛国主義教育基地、一九九五年に全国青少年教育基地、一九九七年に第一回目の全国愛国主義教育手本基地、二〇〇三年に河北省国防教育基地、二〇〇五年に赤色観光地、二〇〇九年に第一回目の国家国防教育手本基地。そして冉庄は地下道戦模範村という称号を受け、冀中平原地道戦の象徴となった。

冉庄の地下道と集落を歩く

さて、当時は総延長が一六キロにもなった地下道のうち一二〇〇メートルを一般参観者は見学することができる。参観者用の地下道の入口は陳列館の建屋内にあり、入口に次のように注意書きされている。

一―地下道入口は展示館（陳列館）内にある。出口は（冉庄村の）街並遺跡内にある。

二―地下道内に距離に応じて幾つかの出口がある。地下道内は逆走禁止。身体の情況に応じて参観経路（出口）を選ぶこと。

三―地下道内は狭くて距離も比較的長い。心臓病・高血圧・冠状動脈性心疾患、その他重大な病気を持つ

冉庄地道戦遺跡

この民家では、地下道の入り口がカマドの中に隠されている。

人は地下道への入場を禁止する。

この他に、救急電話と通報電話の番号が記されている。

この入口から地下道内に入る。地下道内には照明器具が適当に配置されているので、歩くのに困るようなことはない。通路の高さは二メートルは無いにしても普通に立って歩くことができ、人がすれ違うことができる程度の幅もある。

ところで、野津加代子さんは、二〇〇二年に冉庄を訪ねたときのことを次のように記している。「地道を実際に歩いてみると、かがんで歩く姿勢が長く続き、そのしんどさを体感する。こんなに苦しいとは！　空間がないというのはすごく息苦しい。日本軍が入れたとしても、これでは早く追ってくることはできないだろう」。観光客が参観しやすくするため、二〇〇二年以降に地下道は拡張されたのだろう。

現在、観光用に開放されているのは一二〇〇メートルだが、通路の途中に、それなりの広さを持つ幾つかの部屋があることも確認できる。また、拡張され歩き易くなっているとはいえ地下道はあちこちに曲がり上下にもうねり、分岐点もたくさんある。当時、日本軍が仮に侵入したとしても、明かりもない狭い地下道を素早く通り抜けるのは相当に困難であっただろうと想像できる。

地下道から地上に出ると、そこは冉庄村の集落のただ中だ。そして、赤煉瓦造りの平屋の住居などが建ち並ぶ集落全体がにぎやかな観光地になっている。比較的広い通りには、机を並べたり屋台を構えたりする土産物売場がずらりと続き、住居の中も土産物を並べ売店になっているところが多い。

「地道農家」という看板を掲げる住居に入ってみる。住居内の居間に地下道への入口が設置されていて、抗日戦争当時の写真と遺物が展示されている。ここの主人は王彦軍さんという五〇歳くらいの男性で、室内の写真撮影は五元（約七五円）、王彦軍さんと並んで写真を撮ると一〇元（約一五〇円）が必要とのことだ。それで一〇元払い、王彦軍さんと並んで写真を写す。このように、地下道の出入口がある住居を公開し商売をしている人はたくさんいる。土産物の販売と併せ、それなりの収入になるのだろう。

一方、特に商売をする様子もなく、地下道の出入口や当時の生活の様子を見せてくれる住人も多い。それらを見て回ると、夫々の住居の家具の影や庭の井戸や台所の釜戸などいろんなところに、容易に見つからないように工夫された地下道入口が配置されている。また、地下道から敵を狙い撃つ小さな銃口もあちこちで確認できる。

ともあれ、冉庄にとって地道戦遺跡は重要な観光資源になっているようだ。

第八章　石家庄集中営万人坑

一一時前に冉庄を出発し、冉庄から三〇分くらいのところにある望都インターチェンジから高速道路に入り石家庄に向かう。そして、一二時半頃に正定インターチェンジで高速道路を降りる。正定は一六〇〇年以上の歴史を持つ古い町で、隆興寺・天寧寺・広恵寺・開元寺などの古刹や古い街並が現在も残っている。

正定で昼食を食べたあと、正定から一五キロほど南にある石家庄に向かい、午後二時半頃に石家庄市街にある平安公園に到着する。

石家庄集中営受難同胞記念碑

石家庄市裕華東路にある平安公園に私たちが到着したのは訪中六日目の九月二八日の午後二時半頃だ。平安公園は、背の高い樹木が生い茂る緑地や、小舟で舟遊できそうな池や水路もあるかなり広い公園で、園内の広場で太極拳をする人たちが大勢いるのは中国のどこでも見ることができる光景だ。子どももたくさんいて、心地よい静かな園内で夫々が楽しそうに過ごしている。

さて、市民の憩いの場となっている平安公園内の一画に、幅三〇メートル・奥行二〇メートルくらいの石造りの舞台が構築され、その中央部の一段高くなったところに石家庄労工集中営受難同胞記念碑が建立されている（「集中営」は中国語で、強制収容所のこと）。記念碑本体は、高さ二メートル・幅四メートル・厚さ一メートル半ほどの自然石で、高さ五〇センチほどの台座の上に設置されている。巨大な天然石の表面には石家庄集中営の歴史が簡潔に刻まれている。そして何より特徴的なのは、何物かに拘束されるように太い鉄の鎖を巻き付けられていることだ。

　石造りの舞台の背面には、高さ五メートルほどの赤茶色の壁が舞台全面に設置され、大きな文字で「石家庄集中営受難同胞記念碑」と刻まれているほか、当時の受難者の様子を等身大で表わす大型の彫塑がはめ込まれている。

　その記念碑の前で、何天義《フォティエンイー》さんとお連れ合いの畢玉春《ビーユーチュン》さんが私たちを迎えてくれる。李秉剛《リビンガン》さんの盟友である何天義さんは、党史研究室に籍を置き労工問題を主に研究している研究者であり、李秉剛さんは何天義さんを、労工問題の専門家であり先駆者だと言っている。

　さっそく何さんは石家庄集中営について説明してくれるが、この項では基本的なことだけを簡単に紹介するのにとどめ、詳しいことは次の項でまとめて説明することにする。

石家庄集中営受難同胞記念碑

石家庄市内にある平安公園に建立されている。記念碑本体には巨大な自然石が使用されている。

石家庄労工集中営は、現在の石家庄市区裕華東路北側の平安公園一帯に開設され、二七七ムー（約一八万五〇〇〇平方メートル）の広さがあった。石家庄集中営には、一九三八年から一九四五年の間に約五万人の抗日軍民と無辜の人民が収容され、集中営内で二万人が死亡している。死亡した中国人は集中営の近くに埋められ（捨てられ）万人坑が形成された。残りの三万人は東北など中国各地に連行されたほか、日本本土にも連行されている。

平安公園の石家庄集中営受難同胞記念碑は、石家庄市人民政府が主催し日本の五つの団体も参加して、抗日戦争勝利五〇年の一九九五年に鍬入れ式が行なわれ、巨大な天然石の石碑を建立し一九九七年に竣工した。同年に石家庄市愛国主義教育基地に指定されている。

中心に設置された巨大な天然石は太行山《たいこうさん》で採取され運ばれてきた。この天然石に巨大な鉄の鎖が巻き付けられているのは、鎖を破りたい、引きちぎりたいという想いを表わしている。記念碑の背後に設置された赤茶色の壁にはめ込まれている、労工の苦難の様子を表わす彫塑は銅で鋳造されている。

何さんから説明を聞いたあと、受難同胞記念碑の前で犠牲者追悼式を私たちは行なう。中央の石碑の前に「不忘悲痛之事実。反省、追悼、和平」と記した色紙を立て、花束を供え、犠牲者を追悼する言葉を野津喜美子さんが中国語で読み上げる。読み上げたあとは、その追悼の言葉を記した用紙を記念碑に供える。犠牲者を追悼する現場で私たちの訪中団がいつも行なう定例の行動だ。中国語の追悼文を起草し、そして現場で読み上げるのはいつも野津喜美子さんがやってくれる。野津喜美子さんの中国語の追悼の言葉があるので、どこへ行っても中国の人たちから私たちは温かく迎えてもらえる。有難いことだ。

石家庄集中営（強制収容所）と万人坑

この項では、何天義さんから現地で説明を受けたことに、李秉剛さんの著書『万人坑を知る』(注三)の「石家庄強制収容所の万人坑」の項の内容を補足しながら、石家庄集中営と万人坑(注八)(注一二)についてまとめておこう。

華北平野のほぼ中央部に位置する石家庄の旧称は石門といい、当時も今も、北京と広州および石家庄と太原を結ぶ鉄道が通る交通の要衝である。

一九三七年一〇月一〇日に日本が石家庄を占領したあと、トラックに乗って日本兵がやって来て、鉄条網で用地を囲んで村人を追い出し、兵営（日本軍駐屯地）を五カ所作った。

最初は兵営だけが設営されたが、一九三九年に日本軍は、中国軍が駐屯していた石家庄南兵営（現在の橋東区平安公園。元々は休門村という村の畑だった）に大型の捕虜収容所・石門集中営を開設し、捕虜や農民を収容するようになる。

東北地方（「満州国」）で労働力が必要になると、華北方面軍と協議が行なわれ、捕虜や農民を東北に連行する協定が一九四一年に結ばれる。それに伴ない石家庄集中営の名称を捕虜収容所から労働者教習所に変更し、華北労工協会が直接管理するようになる。その後、一九四四年に名称は労働者訓練所に再変更される。集中営（労働者教習所・訓練所）は、中国各地と日本へ労工を送り出す中心施設となり、収容者に対し植民地教育や帰順教育を行ない、さらに奴隷労働を強制した。日本の花岡鉱山で強制労働させられた中国人も石家庄から連行されている。

護送される労工

一九四四年、石家庄集中営の労工が日本軍に鉄道駅まで護送され、外地へ移送される（李秉剛氏提供写真）。

石家庄集中営は、一九三九年から一九四五年まで常に三〇〇〇人以上の中国人を収容しているが、最も多いときは同時に一万人も収容したため南兵営だけでは施設が不足し、日本軍は東兵営も収容所に仕立てた。

石家庄集中営に収容された中国人の多くは武装解除された抗日軍の兵士なので、集中営の警備と収容者の管理は厳しかった。集中営の周囲は高い壁に囲まれ、電気が流れる鉄条網が壁に備え付けられ、壁の四隅には望楼が設置された。壁の外側に深さ約六メートル・幅三メートルの堀が設けられたほか、集中営の構内にも堀が作られ、さらに鉄条網が設置され電気も流される。そして、夜は探照灯で照らされ、昼夜にわたり日本兵が警備と監視を絶えず続けると共に、収容者の中から組織された警備班も警戒に加わる。

収容者は、部屋の中央に通路がありその両側に板で作った寝床が設けられた木造のあばら家に、数十人がいっしょに収容された。収容者の人数が多すぎて五〇〇人とか六〇〇人が部屋に入れないときなどは、露天にムシロで棚を作って収容された。雨が降ると雨水が漏れ、床が無い地面は泥だらけに

訓話を待つ労工
石家庄集中営の労工が整列し、訓話が始まるのを待っている（李秉剛氏提供写真）。

なり、収容者の衣服も濡れてしまう。その衣服は汚いうえに破れていて身体を覆うこともできず、大多数の収容者がセメント袋を身体に巻いて寒さをしのいだ。

収容者は毎日朝と晩に点呼を受け、旗の掲揚式や反動標語の復唱や歌唱などをさせられた。また、指定された場所でだけ行動を許され、少しでも違反すると銃殺される恐れもある。収容者の自由は完全に失なわれていた。

食事は一日に二回で、外へ作業に出るときは昼食が付くことがある。主食は雑穀のマントウで、漬物が付く。しかし、量が少なく飢餓に苦しめられ、厨房の石炭の燃え殻の中に落ちた食べ物も探した。収容者は十分に食べることができないので必然的に身体が衰弱する。

まともな食事もできず痩せ衰えた収容者は、銃を持つ兵士の監視の下で、工場・倉庫・駅・飛行場・兵営などの指定された場所で土木作業などいろいろな労役を強制された。そして、動作が少しでも遅いと監視人に殴られる。病気になった者は作業に出なくてもよかったが、その後の過酷な処遇を恐れ、多くの収容者は病気になっても作業に出かけた。

日本が石家庄を占領していた八年間に、集中営の収容者と労働者を使役し、重労働は主に収容者に行なわせ、石家庄周辺で兵営を五カ所、飛行場を二カ所造るなど主要な軍事施設工事だけでも数十カ所で行ない、トーチカも数千個、封鎖用の溝（堀）も数十キロ構築した。そして、多くの収容者が飢餓と過労による衰弱で死亡した。

一方、石家庄には日本軍・警察・憲兵・スパイなどが駐屯し、夫々の組織が集中営とも深い関係を持ち、集中営の収容者が死亡する原因の一つは日本兵などによる虐待であった。

集中営の中では国民党や共産党の支部が作られ何回も暴動を起こしたが、収容者の中から共産党の幹部や関係者を見つけると日本軍は小さい監獄に連行し、そこで虐待し拷問を加えた。天井から吊り下げ棒で殴る、「虎の椅子」に座らせる、棒で押さえつける、大量に水を飲ませる、感電させる、焼いた石炭を口の中に入れるなど拷問は凄惨だ。

ある日、一人の収容者が、食品倉庫へ作業に行った帰りに他の収容者のためにビスケットを持ち帰ったところを日本兵に見つかり、殴られて死んだ。また、ある日、日本軍の隊長は、新しい刀を試すため牢屋から収容者を一人引き出し、日本兵の前で首を切った。さらに、日本兵は思いつくままに収容者の誰かを引っ張り出し、シェパードに合図して噛み殺させた。この情景は本当に見るに堪えない。こうして多くの収容者が殺害された。

一九四二年に日本軍は石家庄集中営に三つの病棟を設置した。一九四四年には集中営の外部に隔離病棟を作った。病棟には板敷の床があり、伝染病の病棟には熱い石灰を撒いた。

食べ物もなく薬もなく治療を受けることもできない酷い情況は、負傷者や病気の人にとっては一層過酷だ。多くの収容者が病気や伝染病で毎日死亡し、病棟から毎日死体がかつぎ出され、それを死体運搬人が集中営の外へ運んだ。犠牲者の死体の搬出であっても、日本人医師の検死と警備係の許可を受けなければならない。だから、死体搬出に紛れて収容者が逃亡することはほとんど不可能だ。

犠牲者の死体は始めのうちは薄い板の棺に入れてそのまま埋めたが、死人が多くなると、人捨て場で棺から死体を引き出して埋め、空の棺を持ち帰って繰り返し使用した。その後になると、裸の死体を直接馬車に乗せ、その上にムシロをかけ縄で簡単に縛って集中営から運び出した。死体を埋めた人捨て場は、現在の建設南大街西側の石家庄地区自動車運輸公司の第二修理工場辺りにあった。

一九四四年の洛陽戦役のあと、一万三〇〇〇人余の国民党軍の捕虜を日本軍は各地から短期間に石家庄集中営に送り込んできた。捕虜を運ぶ窓の無い貨物列車は途中で走ったり止まったりを繰り返すので、負傷した捕虜も水を飲むことすらできないまま数日間も貨車に閉じ込められた。このため、石家庄に列車が着いた時には多くの捕虜が既に死亡していた。集中営に収容されたあとも、適切な処置が行なわれなかったので毎日数十人が死んだ。一番多い日は一晩で二九〇人も死んだ。その時は、死体を運ぶ馬車が足りなくなりトラックで死体を運んだ。

一九三九年から一九四五年までの六年間に石家庄集中営に収容された中国の抗日軍民と無辜《むこ》の人民は五万人余になり、そのうち二万人が、過労や飢餓や虐待などにより集中営内で死亡した。犠牲者は、集中営から約一キロ離れたところにある人捨て場に埋められ石家庄集中営万人坑が形成された。休門義地で墓地を守った李小可夫妻は、二年間で少なくとも二万人が埋められたと証言している。こうして石家庄集中営は、中国

犠牲者の遺骨

一九九四年一〇月に石家庄集中営万人坑で工事が行なわれた時に掘り出された遺骨の一部（李秉剛氏提供写真）。

の抗日軍民と一般民衆を弾圧する人間地獄となった。

一九四五年八月一五日に日本が敗戦したあと、九月に中国軍が各地の集中営に入り調査をする前に日本軍は資料を燃やしたり捨てたりしたが、石家庄集中営では、名前や出身地が記載されている労工名簿が残された。

一九九四年一〇月に、石家庄自動車運輸公司第二自動車修理工場の工事現場で多数の遺骨が掘り出された。その遺骨を調査した結果、日本軍が石家庄を占領していた時期に集中営で死亡した中国人の遺骨であることが分かり、石家庄集中営万人坑だと確認された。この時に掘り出されたのはごく一部の遺骨だけなので、それ以外の大量の遺骨は、日本の占領下で埋められたときのまま残されている。

平安公園にある石家庄集中営受難同胞記念碑の前で何天義さんから説明を受けたことなどを基に要点をまとめると以上のようになる。石家庄集中営は、日本が中国に開設した捕虜収容所の中で、開設期間が最も長く、拘禁人員が最も多く、迫害が最も残忍で、闘争が最も激しい収容所の一つだった。

何天義《フオティエンイー》さんが話す中国人労工問題

午後三時一五分頃に平安公園を出て、宿舎の石家庄国際大厦ホテルに一〇分余で到着する。ホテルは繁華街の中にあり、巨大な河北省博物館が目の前に見える。

さて、この日は、中国人労工問題について話を聞くことになっている。講師は、中国共産党史と労工問題で本を四〇冊も出版している研究者・専門家の何天義さんと、中国から日本に強制連行され熊本の三井三池炭鉱四山《よつやま》坑で強制労働させられた王躍清さんの二人だ。午後四時一五分にホテル内の会議室に訪中団が集まり、何天義さんと王躍清さんが会場正面の机に座る。通訳は張鉄民さんが担当してくれる。

そして、最初に何さんが、自身の経歴と労工問題の全体像について専門家・研究者として次のように話してくれる。

(一) 何天義さんの経歴

何さんは人民解放軍の元兵士で、一九八五年に石家庄に来て中国共産党史研究の職に就き、人民解放軍兵士として活動している時は捕虜収容所(集中営)のことを何も知らなかった何さんが南兵営(石家庄集中営)の研究を始める。

抗日戦争勝利五〇周年の一九九五年に『日本軍侵略下の中国労工』を出版する。その内容は、①石家庄集

何天義さん（左）と王躍清さん

何天義さんは労工問題全般について、王躍清さんは自身の強制労働被害について話す。

中営、②「満州国」の労工、③華北の労工、④日本に連行された労工の四部で構成されている。

一九九五年に、社会科学院の研究課題である捕虜と労工の問題の研究担当になる。

二〇〇〇年から、一〇〇〇人の労工の証言を助手たちと協力して聞き取り記録する作業を始める。

二〇〇五年に、六〇〇〇人の労工の証言を五冊の本にまとめ出版する。日本における強制労働の記録や写真も収録している。その後、同じ主題で出版した本は一〇冊まで増える。

二〇一二年に、日本の華北侵略についてまとめた『華北抗日戦争史』を出版する。

二〇一三年八月に『日軍侵華戦俘営総論』（注二二）（日本軍の中国侵略における捕虜収容所総論）を出版する。二八年間にわたる労工問題研究の集大成となる本であり、戦争と労工の問題、政府との関係、石家庄・太原・済南・北京・南京などの収容所、連合軍捕虜の収容所、華僑の収容所のことなどを論述している。

（二）中国人労工問題

石家庄集中営（捕虜収容所）は日本軍駐屯地となった南兵営に設営され、国民党軍・共産党軍・傀儡政権軍の兵士が収容された。石家庄以外にも、太原・済南・北平（北京）・塘沽など各地に捕虜収容所が設営された。

しかし、日中戦争のことを日本は戦争とは言わないで事変と呼び（「満州事変」とか「北支事変」とか「第二次上海事変」とか）、戦争ではないから捕虜はいないという屁理屈をこね、捕虜を正当に扱わなかった。そして日本は、捕虜を虐待するだけでなく平気で虐殺した。例えば、南京大虐殺の犠牲者三〇万人のうち九万人は、捕虜になった兵士が殺害されたものだ。

日本が捕虜を虐殺するやり方には三種類ある。一つ目は戦場における虐殺だ。その中で南京大虐殺は最も有名だが、他にも事例はいくらでもある。例えば、一九四一年一月の中条山戦役では三万人が捕虜になり、合わせて四万体の遺体が戦闘現場に残された。二つ目は捕虜収容所での虐殺だ。日本は華北を中心に大規模な収容所を作った。そのうち石家庄・太原・済南の収容所には各々五万人が収容され、夫々二万人が死亡している。死亡率は四〇パーセントにもなる。それ以外にも、日本軍の各師団が管轄する一〇〇カ所から二〇〇カ所の収容所に一〇〇万人が収容された。三つ目は、阜新《ふしん》炭鉱とか撫順炭鉱など強制労働の作業場における虐殺だ。その中には、死亡率が四〇パーセントを超える作業場もある。

東北地方（「満州国」）など中国の各地や日本に連行された中国人労工には三種類ある。一つ目は、戦場で捕虜になった兵士だ。二つ目は、だまされた一般の人たちだ。偽の会社の名前を語り、労働者を募集すると嘘を言ってだまして人々を集めた。三つ目は各地の政府による徴用だ。政府の命令で各地に徴用人数を割り当て、指名された人は食料などを自分で準備し任地へ行った。

華北から華北以外の地方に連行された労工は一〇〇〇万人を超える。そのうち三〇万人が捕虜だ。華北以外の地方に連行された一〇〇〇万人のうち東北(「満州国」)へ連行された労工は七八〇余万人で、さらに家族二〇〇万人も東北へ送られた。労工として東北に送られた人の多くが再び故郷に戻ることはなかった。その他に蒙彊《もうきょう》に三二万人余、華中へ六万人が送られるなどしたほか、日本へも連行されている。人数は、各地の地方史で明らかにされている事実や被害者の話を集めて算出された数字だ。

石家庄集中営では、総収容者五万人のうち二万人が死亡しているが、死亡理由の一つ目は強制労働だ。石家庄にある五カ所の兵営や飛行場などの軍事施設や食料倉庫を造るための土建工事における強制労働で死亡した。二つ目は病気だ。伝染病が流行し一日で一〇〇人が死ぬこともあった。三つ目は虐待や虐殺だ。太原収容所では、日本軍新兵の殺人訓練の材料として殺されたり、銃弾を受けた兵士を治療する軍医の訓練のための研修材料とされて殺害されたりした。

中国人労工を強制労働させることを日本政府が国策として実施し、日本軍の軍事力を背景に労工協会が労工を集め企業が使役した。労働者がどれくらい必要なのかをやりとりする日本軍の電報も解読されている。責任を負うべきは、日本政府と日本軍と日本企業と労工協会の四者だ。

中国人労工問題について何天義さんはこんなふうに話してくれた。そして、第二次世界大戦における強制労働に対しドイツが被害者に謝罪し賠償したことを何さんは高く評価する。一方の日本は被害者を無視しつづけているが、日本は何千万人もの中国人を強制労働させたのだから、ドイツの基準に照らせば莫大な賠償が必要になる。しかし、金が目的ではなく、歴史事実にどう向き合うのかが重要だと何さんは指摘する。

何さんは高血圧で体調が少し悪い。そんな中でも調査や執筆に精力的に取り組んでいて、二十数巻からなる歴史書の編集と執筆を現在進めている。そのうち、労工問題を扱う一巻が何さんの執筆担当だ。そして、盟友の李秉剛さんから仕事を頼まれれば何でも引き受けると話して何さんは講演を終える。

王躍清さんが証言する強制連行被害

何天義さんは、労工問題の全体像を説明したあと、強制労働の被害者である王躍清(注二七)さんを紹介してくれる。一九二七年生まれの王さんはこのとき八七歳（数え）だがとても元気な様子で、奴隷のようにこき使われた自身の悲惨な体験を、講演の後の質疑による補足も含めて次のように話してくれた。

（一）いきなり捕まえられ塘沽収容所へ

私の名前は王躍清といい、一九二七年三月一日生まれで今年（二〇一三年）八七歳になる。河北省保定の出身で旧姓は王金生といい、日本に強制連行される前は、天津河北区の山城峪で機械工場の徒弟（見習い工）をしていた。家族は両親と兄と姉と私の五人だ。

一九四三年末の冬のある日の午後、銃を持つ日本人と中国人漢奸《かんかん》（売国奴）らが、一群の中国人を取り囲んで捕まえた。付近の道を偶然歩いていただけの私は、何もしていないのにいっしょに捕まえられた。当時の私はまだ一七歳で年齢も若く真相は分からないが、あっと言う間の事だ。太平洋戦争に入った後は良民証を持っていないと捕まえられるということだが、実際は、良民証の有無に関係なく捕まえられた。

日本兵に捕まえられ、見知らぬ場所に連行され二日間が過ぎたあと、夜間に私たちは塘沽の小さな漁村に護送され収容所に入れられた。収容所の入口の前は空地で、車が一台通れるだけの小道が一本だけ通っている。収容所の周囲（三方）は水に囲まれ小さな島のような感じで、日本兵が配置される望楼付のトーチカが周囲にあるのが分かる。

塘沽収容所で船を待つということだったが、結局長期間収容されることになる。収容所内には部屋（建屋）がたくさんあった。私たちが収容された木造の建屋の中は長さ四〇メートルほどの大部屋で、一列に連なる寝床が両側にあり、その間に通路がある。部屋の一番奥に土間があり、そこが便所だ。収容者は大小便の用をそこで足した。収容所では、部屋の外に出ることができるのは毎日午前中に一回だけだ。それ以外は基本的に昼も夜も一日中部屋の中に閉じ込められ、部屋が狭いので収容者どうしが皆くっついて座り、くっついて寝た。狭くて横になれないときは座ったまま眠った。

収容所の周囲は、電気柵と望楼付のトーチカで全て囲まれている。電気柵を乗り越えて逃走しようとする者もいるが、電気柵に到達する前に感電死する。電気柵には高電圧の電流が流れているので、電気柵に近づくだけで人々は吸い寄せられ感電死するのだ。これでは逃げることもできない。

食べ物は、火が通っていない半分生の燕麦のマントウが毎日たった一個だけ与えられたが、飲み水は支給されない。渇きに耐えれない者は、自分の小便を飲み渇きをしのぐことしかできない。

満足に食べることも水を飲むこともできない収容所の生活は人間が生存できる情況ではなく、家畜のように扱われる長期間の収容所生活で身体が衰弱し、多くの人が病気になり、毎日死者が出る。小便をするときに地面に倒れそのまま死亡する人もいた。

収容者が死ぬと、人力車か馬車で外に運び出される。二〇人から三〇人の死体を一台の馬車に一体一体積み上げ、縄で縛り、そして運び出すのを、午前中に屋外を散歩するときに見たことがある。後で聞くと、運び出された死体は万人坑の中に投げ捨てられるということだ。大部分の死者が二〇歳台か三〇歳台だという情況は極めて悲惨だ。人々は故郷を想い、この先どうなるのか大変に心配する。

(二) 塘沽収容所から日本の門司へ

塘沽収容所に長期間(十数日という記録もある)留め置かれ、一九四四年になってから出発する際に、黒色の棉服と棉ズボン一着が収容者に支給された。そして、二人がいっしょに縛られ、雪と氷に閉ざされた寒い道を進む。長い道のりの両側で、実弾を込めた銃を構える日本兵と傀儡兵が監視している。

このような情況にあっても逃走する人は少なくない。いっしょに縛られた二人が一斉に逃げ出すが、荒涼とした原野に身を隠すところは無く、逃走者は日本兵に次々に捕まり連れ戻される。捕まえられた者は、上から下まで全身がびしょ濡れだ。憎らしい日本兵は、息も絶え絶えになるほど銃床で彼らを打ちつける。

私たちは、彼らが打ちのめされる脇を歩き続け、船に着き乗船する。船員はそれぞれ色が黒く、髪型と併せインド人のようだと思った。

乗船した収容者は三〇〇人から四〇〇人だが、集中営で非人間的虐待を受けているので、心身ともに既に相当に衰弱している。そして船の中でも食べ物はマントウが一人に一個だけだ。十分に食べれない上に船酔いで嘔吐する者は多く、病気になり死亡する人が出ると、何人かの日本兵が死体を担ぎすぐに海に捨てた。

海上を数日航行したあと船が航行を停止する。船内の人々はいろんな所から来ていて文化程度もさまざまだ。その中に、イギリス語や日本語が分かる者がいて、彼らによると、アメリカの飛行機に攻撃された労工運搬船が目の前に沈んでいるということだ。アメリカと日本は敵対国であり、海上で戦闘が発生したのだ。船はしばらく現場にとどまったあと、再び航行を始める。当時の私はまだ若くて活動的で、ある時こっそりと甲板の上に出たら、海面を泳ぐ鯨が見えた。

私たちを乗せた船は約一週間で日本の門司港に到着する。船から港に降りると、両側にいる女性看護士が噴霧器を使用して私たちの身体に薬を吹き付ける。それがどういう薬なのかは分からない。さらに二〇〇メートルほど前方に進むと水槽が二つあり、その中には何かの薬が入っているようだ。そして、私たちに衣服を全て脱がせ水槽に飛び込ませる。飛び込もうとしない者は日本兵に足で蹴られて突き落とされた。水槽に浸かったあとの身体の不快さは耐え難いものだ。そのあと私たちに支給された服は全て湿っている。その服を着たあと、日本の四角いマントウ一個と黄色い塩漬けの漬物一切れと味噌汁一杯が夫々に支給された。

(三)　三井三池炭鉱での奴隷労働

門司港で私たちは貨物列車に押し込められ、およそ二時間か三時間で熊本県の四山炭鉱に到着する。四山炭鉱の宿舎は、背後は海に面していて前面には広場というか運動場がある。宿舎の構内には七棟か八棟の建屋があり、左側の建屋に欧米人が収容されている。私たちが入るのは、長さが四〇メートルか五〇メートルほどある木造小屋で、両側に寝床が並び中央が通路になっている。入口には看守部屋が一つある。この小屋で私たちには、白い掛け布団一枚と毛布一枚が夫々支給された。

宿舎から小さい鉱山（坑口）までの距離はだいたい五〇〇メートル（二〇〇〇メートル余という記録もある）だ。そして、私の最初の仕事は、坑道内での支柱の組立で、他の労工が岩に穴をあけ発破を掛けたあとに支柱を組み立てていく。

しかし、何日もしないうちに、年が若い他の少年と共に私は厨房に移り、二人で雑役係として働くことになる。少年の名は阿頭《あとう》と言い、上海の人だ。

私たちが収容された小屋の近くに厨房と食堂がある。厨房で飯を作るのは全員が中国人労工だが、日本人が監視していて、食べ物を盗むことは許されない。もし見つかれば殴られる。毎日厨房にいる私たちも食事をとるのは他の労工といっしょで、食事時間になると食堂に行って飯を食べる。

食事は、穀類と豆かすを混ぜた一五〇グラムから二〇〇グラムのマントウが毎回一個だけで、マントウの大きさは猫の耳と同じくらいだ。七〇〇人の連行被害者の中に日本語が分かる人がいて、その人が食事の前にある決められた日本語を話し、そのあと全員が立ち上がってお辞儀し、それからマントウを食べる。

私と阿頭は、飯作りを手伝う以外に、日本人の管理者の世話を任せられ、部屋を掃除してきれいにし、事務所に行って物品を受け取ることもする。

さて、多くの労工は、貧弱な食事と過労で疲弊しているため仕事が遅れ、任務として課された多大な量の仕事を一日に一二時間働いてもやりきることができない。すると日本人は彼らを坑道から引きずり出し、刑を執行する部屋に連れ込み、銅線の芯の外側をゴムや皮で包んだ鞭で強く打ちつける。労工は夫々が枯木のようにひどく痩せていて、このような鞭打ちに耐えることはできない。こうして日本人は生身の労工を打ち殺した。

死亡する労工のうち、日本人に殴られて死ぬ者は少なくない。また、ある者は病気になり、手当をしてくれる人もいないまま死ぬ。死人が出ると、私と阿頭は死体を焼きに行かねばならない。死体を焼くのも仕事なのだ。私たち二人は死体を部屋から運び出して車に乗せ、日本人に付き従い、宿舎の外にある火葬場に運ぶ。火葬場の設備は餅を焼く釜に似ている。その中に死体を入れ、下から焚き木を燃やす。焼き終わると私たちは宿舎に戻ってくる。

私たちが日本に連行されてから一年くらい経つと、炭鉱の坑内にも作業員として日本人女性が姿を見せるようになる。日本政府が大勢の青壮年男子を根こそぎ徴兵し戦場に派兵したので、日本国内の労働力が不足しているのだ。

(四) 日本の敗戦により解放される

一九四五年になりアメリカ軍の飛行機が爆弾を投下するようになると、日本人は私たちに「王」字形の防空壕を構内に掘らせた。アメリカ軍機が飛来すると、私たちは防空壕に飛び込み壕内にしゃがみ込む。飛び込んだ壕の中から、アメリカ軍機が投下する焼夷弾が炭鉱を焼き払うのが見える。日本兵が下（地上）から砲撃し、アメリカ軍機が上（空）から爆弾を投下する現場にいるのは本当に恐ろしい。

私たちが収容されている小屋から二〇〇メートルほど離れた所に、イギリス・フランス・アメリカの捕虜労工が収容されている小屋がある。その小屋は赤煉瓦を積んで作られていて、私たちはそれを「赤い砦」と呼んでいた。その小屋の上に彼らは、イギリス語やフランス語で標識を書いた。それで私たちも小屋の上に中国語で標識を書いた。その意図は、アメリカ軍機に私たちを爆撃させないことだ。

爆撃が終わったあと私たちは壕の外に出て、焼夷弾とはどういうものなのかを確認した。当時、私たちを監視していた日本人現場監督は三木という名の五〇歳から六〇歳くらいのおじいさんだったが、彼はこの時、なぜか私たちの行動をとがめなかった。

アメリカが日本に原子爆弾を投下したあと、日本の天皇が無条件降伏を宣言するのを、日本語の分かる中国人労工がラジオ放送で聞いた。その時、私と阿頭はいつものように日本人の部屋を掃除していたが、日本人がみなしょんぼりし本当に意気消沈しているのが表情から分かった。そういう状況を見て、日本が戦争に負けたため日本人は自殺するのではないかと誰かが言い、日本人が私たちを巻き添えにして自殺するのを恐れた。しかし、日本人は私たちに対し以前のように恐ろしくはなくなった。

こうして日本が負けて戦争は終わったが、四山坑では給料は全く支払われないまま七〇〇〇人の中国人が強制労働させられ、日本の敗戦までひどい扱いを受け一〇〇人以上が死亡した。

日本が降伏したあと私たちは自由になった。しかし、日本の敗戦後も、何人もの中国人が外出したあと理由も分からないまま失踪したり、夜間に外出した中国人が日本人に殴り殺されたりする事件が起きる。日本の敗戦という事態を私たちより早く掌握していた米英仏の捕虜労工は早々に自警組織を立ち上げていたが、私たちも急いで自警組織を立ち上げ、日本人からの暴行に備えて警戒を強める。当時、私たちの団結の中心になったのは張継続と張海清で、天津の郁某もその中にいた。私たちは組織を整え、日本人に対処するためいっしょになって行動し、日本の倉庫を開け武器と自動車も手に入れ自衛した。

また、私たちと英米仏の捕虜労工はイギリス語の標識を地表に書いた。それをアメリカ軍の飛行機が見つけ食品や衣服など支援物資を投下すると、私たちは先を争って手に入れた。しかし、日本人は支援物資には手を出さなかった。アメリカ軍機から食料や水が投下され、英米仏の捕虜と私たちにも支援物資が行き渡り、私たちの生活条件も改善される。私は、落下傘を使って掛布団の表を作った。ある時は、投下された物資が木造小屋を直撃し小屋が壊れることもあった。

その後、アメリカ軍が九州にも上陸し、四山炭鉱にやってきたアメリカ兵から、武器を引き渡せば私たちの安全を保障するが、渡さなければ私たちを殺害することもありうると脅迫される。さらに、宿営地から外に出ることも認めないと言われる。それで、私たちはアメリカ軍に武器を全て引き渡して宿営地にとどまり、街には出ないようにした。アメリカ軍には、張剣心という名の中国語の通訳がいる。二十数歳の女性兵士で、彼女は私たち中国人によく気を配ってくれた。

生活が落ち着くと、私たちはグループを作り文芸活動などを行なうようになる。また、病気になった人は病院に行って治療を受けることができるようになる。私と陳継続は、中国人が病院で治療を受ける間の面倒を見た。

(五) 帰国しても家族離散、孤児になる

やがて、英仏米などの捕虜労工はいずれも飛行機に迎えられ帰国する。しかし、中国にはそんな余裕は無いので、私たちを帰国させる船が迎えに来るのを待つしかなかった。

そして、日本で更に二カ月か三カ月過ごしたのち、アメリカの軍艦で帰国できることになる。私たちは汽車で佐世保に行きアメリカの軍艦に乗船するが、アメリカ人の船員には悪い輩がいて、中国人が持っている物や衣服を検査し奪い取った。中国人はただ屈辱に耐え、だまって中国に帰るしかなかった。

中国の塘沽に着き船を降りると、国民党軍が私たちを集め、兵士になるように説得する。しかし、私と陳継続ら何人かは兵士になることを拒否し故郷に向かう。

ようやく故郷に帰ると、父も捕まって連れ去られ（おそらく東北で）強制労働させられ、そのまま行方不明であることを知らされる。また、母は別の人と再婚し、兄は見習い工になるため家を出て、そのまま行方が分からない。兄は内モンゴルに連行され、最後は八路軍に加わったらしい。つまり、幸福だった私の元の家庭は崩壊し家族は離散してしまい、家に帰っても私一人しかいないのだ。日本にいたときも苦しかったが、中国に帰っても孤児になってしまった。

（六）三井三池炭鉱（青木補足）

王躍清さんが強制労働させられた四山炭鉱（四山坑）は三井三池炭鉱の坑口の一つである。そこで、三井三池炭鉱と中国人強制連行について簡単に整理しておこう。

三井三池炭鉱は、互いに隣接する福岡県大牟田市と熊本県荒尾市に坑口を持つ炭鉱で、江戸時代から採炭が行なわれてきた。そして、一八七三年に明治政府の官営事業とされたのち、一八八九年に三井組（三井財閥）に払い下げられ三井が経営するようになる。

三井三池炭鉱で中国人強制連行・強制労働が行なわれたのは、大牟田市にある宮浦坑と荒尾市にある万田坑および四山坑の三つの坑口で、夫々の強制連行被害者数と死者数は、宮浦坑が連行五七四人で死者四一人、万田坑が連行一九〇七人で死者二九三人、四山坑が連行六九四人で死者一五八人である。

このような過去を持つ三井三池炭鉱は一九九七年三月三〇日に閉山した。

強制連行に関わる自身の体験を王躍清さんは以上のように証言してくれた（「（六）三井三池炭鉱」の項は青木が補足）。王さんの体験を詳しく話したら何日もかかるが、既に本に記録（注二七）されているので確認してみてくださいとのことだ。また、王さんは自身の体験を以前にも日本人に話したことがあるとのことだ。

王躍清さんが一通り話し終え、そのあと幾つかの質問に王さんと何天義さんに答えてもらううちに午後六時になる。そこで、王さんは八七歳の高齢なのでここまでにしましょうと何さんが話を切り上げ講演会を終える。

最後に、王さんと何さんに入ってもらい全員で記念写真を写す。

夕食懇親会

講演会を終え、ホテルからバスで二〇分ほどの所にある食堂に向かい、午後六時半頃に食堂に入る。夕食会には、何天義さんとお連れ合いの畢玉春《ビーユーチュン》さん、王躍清さんと娘の王永紅さんが同席してくれる。食堂の個室で大きな丸い食卓を全員で囲み、いろいろな話をしながら料理と酒を楽しむ。料理はシャブシャブで、各人毎に小さい鍋があてがわれ、肉や野菜を各人の好みで食べる形式で、中国ではよく流行しているやり方だ。

王さんといっしょに日本に連行された人たちはもうほとんど亡くなっている。しかし王さんはまだまだとても元気だ。八七歳の高齢だが、前歯以外は全て自身の歯であり、階段の上り下りも特に支障はない。新聞を毎日読み、散歩に毎日出かける。娘さんと同居してはいないが、生活支援員から支援を受けながら毎日を元気に暮らしている。

最後に王さんが、「中国の一員として皆さん（訪中団）を歓迎する。中日友好を進めていきましょう」とあいさつし、二時間弱の夕食懇親会を終える。まだまだ元気いっぱいの王さんは娘さんと連れだって自宅に向かい、何さん夫妻も今晩は自宅に帰る。私たちはバスでホテルに向かうが、この時刻だと渋滞がないので、一〇分もかからずに午後八時半頃にはホテルに着く。

石家庄散策

午後九時頃から散歩に出る。ホテルは石家庄の繁華街の中心部に位置し、すぐ前に河北省博物館がある。博物館の前を通る中山東路は地下鉄工事中で、かなりの部分が通行できなくて不便だが、百貨店など商店街はまだまだ営業の真っ最中で、たくさんの人が街路を歩き店内で物色している。百貨店前の舞台では、グループや個人が順々に登場し踊りを演じていて、たくさんの人が舞台を取り巻いている。博物館側の裏通りには、露天営業を含む飲食店がずらりと並びとてもにぎやかだ。

石家庄はロバ肉のハンバーグが有名だと張鉄民さんから聞いているが、にぎやかな飲食店街でロバ肉ハンバーグを売る小さな屋台はとても繁盛していて、客が列をなしている。店主の男性が一人で営業しているが、ハンバーグを作る手並みはあざやかだ。

小麦粉を練って予め作ってあるパン生地から一握り分をつまみ取り、麺棒で丸く平らに延ばす。ロバ肉を大量に煮込んでいる大きな鍋から丸いまな板の上に一人分のロバ肉をすくい出し、包丁で細かく切り刻む。それを、丸く延ばしたパン生地に乗せ、パン生地でロバ肉を包み、炭火で加熱している鉄板に載せて焼く。先に鉄板に載せたものから順々に焼き上がり、ロバ肉ハンバーグが次々に出来上がる。

この一連の調理手順を、畳半畳ほどの小さな屋台の上であっという間に完了させる。そして、列をなしている客が一個二・五元（約四〇円）で次々に買っていく。

第九章　井陘炭鉱万人坑

訪中七日目の九月二九日は、石家庄市街にあるホテルを八時半に出発し、西方に五〇キロほど離れている井陘《ジンシン》鉱区に向かう。井陘には、何天義《フォティエンイー》さんとお連れ合いの畢玉春《ビーユーチュン》さんも同行してくれる。

さて、井陘（現在の河北省井陘県）は、「背水の陣」の語源となった「井陘の戦い」という戦闘が行なわれた地である。紀元前二〇四年一〇月に楚漢戦争の中で漢軍と趙軍が井陘で戦い、韓信らが率いる漢軍が、川を背にする背水の陣という独創的な戦術を用い趙軍を打ち破った。その、かつて韓信が背水の陣を構えた川を一〇時一〇分くらいに渡る。川幅は広く、一〇〇メートル以上はありそうだ。

そして一〇時半に、井陘鉱区万人坑記念館が開設されている公園に到着する。広い緑地が拡がるかなり大きい公園で、遊園地にあるような遊具も備えられている。

栫美穂子さんと聶栄臻将軍

井陘は、栫美穂子さんと中国八路軍の聶栄臻《じょうえいしん》将軍の物語の舞台となった所であり、公園内に開設されている万人坑記念館のすぐ近くに、二人が手をつないで立っている等身大の彫像と、「美穂子救出記念碑」と刻まれる大きな石碑が建立されている。その記念碑には日本語で次のように刻まれている。

美穂子救出記念碑

私は一九三六年七月十日中国で生まれ四才まで暮らしていました。現在、日本の都城市に住んでいます。歴史的な百団大戦が開始された一九四〇年八月二十日夜半、八路軍戦士にここ新井駅で私と妹を戦火の中から救い出していただきました。

戦火の中で両親は亡くなり、私と妹は中国軍民の温かい扶養を受け、乳飲み児で怪我をしていた妹は手厚い治療にもかかわらず、不幸にも亡くなりました。私は聶栄臻将軍の崇高な人道主義精神と中国軍民の庇護のもと、日本に無事帰ることができました。

六二年後、再度この地を訪問し心から感謝の念を捧げるとともに、日中不再戦と世界平和の願いを新たにするものです。

二〇〇三年十月一日

栫美穂子　作

宮崎県都城市長　岩橋辰也　書

日中両国の真の平和と永久の友好を願い、日中友好協会の都城支部の来住新平支部長の提案と協力により建立されたものです。

井陘《ジンシン》鉱区万人坑記念館

美穂子救出記念碑の前で、井陘《ジンシン》鉱区万人坑記念館の田宏生《ティエンホンシャン》館長が私たちを迎えてくれる。挨拶もそこそこに田宏生館長の案内でさっそく記念館に入り、井陘鉱区万人坑記念館について説明を受ける。

一九九七年に竣工した新しい記念館の敷地面積は七〇〇〇平方メートル、建屋面積は一四七五平方メートル、展示面積は八七〇平方メートルで、写真約三〇〇点と実物の史料約二〇〇点を用い、「鉱区の由来」・「鉱区の苦難」・「鉱区の抗争」・「鉱区の新しい章節」という四つの主題に分けて展示し説明することで、井陘鉱区の苦難の歴史を明らかにしている。また、近代炭鉱発展史を研究する専門記念館という役割も担っている。その他に、栫美穂子さんと聶栄臻将軍に関わる資料もたくさん展示されている。

井陘鉱区万人坑記念館は一九九九年に河北省愛国主義教育基地に指定され、その後、二〇〇六年に石家庄市未成年人道徳教育実践基地、二〇一〇年に河北省科普（科学技術普及）教育基地、二〇一一年に河北省国防教育基地に指定されている。

さて、記念館内にある大きくて暗い展示室の中に、犠牲者の遺骨

井陘鉱区万人坑（再現）

発見されたときと同じ配置で遺骨などが並べられ、記念館内に万人坑が再現されている。

が織り重なる幅二〇メートル・奥行一〇メートルくらいの万人坑が再現されている。この再現された万人坑は、記念館を建設するときに工事現場で発見され収集された遺骨のうち、狼などに食い荒らされるなどでバラバラになっていた上層の遺骨を取り除き、下層（奥）から現われた整った遺骨を、写真記録を基に、発見されたときと同じ配置で元々の現場と同じように並べたものだ。

表層にあったバラバラの遺骨は、他の場所で収集された大量の遺骨とともに、万人坑再現展示の奥にあるガラスで作られた部屋（保管庫）の中に山積みにされ保管されている。そのガラスの部屋がすさまじい。部屋の正面を仕切る透明ガラスの高さは五メートルくらい、幅は八メートルくらいだろうか。その中にバラバラの遺骨がびっしりと積み上げられている。その膨大な量の遺骨に驚くばかりだ。

館内から眺めることができる無数の石を敷き詰めた庭には、黒い石で五本の線が造られている。これは、井陘の五層の炭鉱を表現していて、その五層の炭鉱の採掘作業で労工が犠牲になったことを表わしている。

それらの展示などを見ながら田宏生館長から受けた説明や李秉剛さんの補足説明などを基に、井陘炭鉱と井陘鉱区万人坑(注三)(注八)(注二八)について次項にまとめておこう。

井陘炭鉱と井陘鉱区万人坑

井陘《ジンシン》炭鉱に最初の管理所ができたのは一〇三二年のことだが、それ以前から井陘では石炭を掘っているので、井陘炭鉱は一〇〇〇年以上の歴史がある。その歴史の大半は、地表に近い浅いところで石炭を掘っていて、石炭を採掘し運び出すのは人力に頼っている。清朝末期には、近隣の農民が賃金を稼ぐため炭鉱に働きにやって来た。機械化が進んでいない当時の炭鉱で裸の労工が石炭を担いで運ぶ写真が残っている。その労工は、炭鉱の中が暑いので服を脱いで働いているが、労工の身体は特にやつれてはいないことに注意しておきたい。

一八九八年に井陘鉱務局が創設され、一九〇〇年代になると、天津に本社があるドイツの企業と合弁しドイツ人の技術者が井陘に入り、一九〇七年には近代的な操業を始める。先進技術の導入により地中の深いところでも採炭が可能になり、地下一八三メートルまで掘り進む。地下で採掘された石炭は、蒸気機関を動力源とする昇降機を使用して地上に引き上げた。この設備は現在も保存されている。やがて、石炭の採掘範囲は七〇平方キロくらいに広がる。

井陘炭鉱では、製鉄に利用できる高品質の石炭が大量に採れるので、鉱務局はドイツ人技術者を招聘し、石家庄市区に石門コークス工場を建造する。石門コークス工場は、石家庄市で最初の重工業産業となり、高品質のコークスの生産量は日当り一一〇トン余に達した。その販売を日商三井洋行が長期にわたり独占し、陸路も水路も便利な井陘鉱区の交通網を利用し、日本や東南アジア一帯に販売する。高品質のコークスは高品質の石炭と共に中国内外に広く知られた。

二〇世紀初頭から始まる井陘炭鉱の近代的操業に伴い、鉱山を占拠する帝国主義勢力と封建軍閥は巨大な経済利益を得る。しかし、乱れた生活に浸り酒色にふける彼らと、死活線上で必死に耐え過酷な日々を過ごす現場の鉱工たちとの落差は看過できない情況になる。当時、坑内で実際に石炭を掘る労働者は外工と呼ばれた。日当は一般に二〇〇制銭から三〇〇制銭で、最も多く稼ぐ者でも四〇〇制銭だ（四〇〇〇制銭が一元に相当）。給料の金額で言うと、ドイツ人である漢納根一人の収入は、七〇〇名の外工の総収入と同じだ。

井陘鉱区の日本人管理者

石炭搬送用のトロッコの前に日本人管理者が立っている（李秉剛氏提供写真）。

労働者にとって旧社会は生き地獄だが、その最下層で虐げられたのが鉱山で働く外工だ。

さて、一九三七年七月に中国全面侵略を開始した日本は、一九三七年一〇月には早くも井陘地区を占領し、それまでいろいろな方式で中国とドイツが合弁で運営してきた井陘炭鉱も日本が占領する。一九三九年頃から貝島炭鉱が管理し経営するようになると、ドイツ人は順々に井陘から出て行き帰国する。

そのあと、中国と日本が合弁で経営することになり、一九四〇年七月二二日に調印が行なわれる。そして、実質的に経営を支配した日本は、機械を使うより労工を使う方が経費が安く済むと考え井陘炭鉱を運営する。

日本の支配下で働く労工には、もともと井陘炭鉱で働いていた労働者と、日本が経営するようになった後に「青年志願隊」や「報国隊」に組織され井陘にやってきた労工がいる。「報国隊」の中には、労働者募集というウソにだまされて応募した人や石家庄集中営から徴用された捕虜もいるし、日本軍が抗日根拠地を掃蕩したときに捕まえ強制連行してきた普通の農民もいる。その中でも捕虜は「特殊労働者」として扱われ、厳しい監視と虐待を受けることになる。

労工たちは、数十人から百人ほどが入る長屋にそれぞれ収容されるが、ろくな衣服も敷布団も掛布団もほとんどない上に部屋の中に寒風が吹き込み、寒さに苦しめられる。逃亡を防止するため、電気が流れる鉄条網が長屋の周りに設置され、警備員が門で出入りを監視する。また、逃亡防止用の目印にするため労工は頭髪の真ん中を剃られた。

労働を強いられる労工
井陘炭鉱坑口でトロッコを押す労工。背景に、石炭昇降機と水蒸気動力発生施設（皇冠搭）が見える（李秉剛氏提供写真）。

食べ物は、カビの生えた穀物と大豆の糠を混ぜた混合麺のマントウだけで、十分に食べることはとてもできず飢餓に苦しめられる。さらに、過酷な作業は毎日一二時間以上におよび、作業中に少しでも休むと監視人に殴られる。そして、過労と飢えによる衰弱と伝染病などの病気が労工の命を常に脅かす非人間的な生活を強いられた。

さらに、採炭現場で頻繁に発生する事故も、労工が死亡する主要な原因の一つである。しかし、中国人労工が死ぬことは日本の統治者にとってはたいした問題ではなく、労工の生命より鉱山の設備を守ることの方が優先された。

例えば、一九四〇年三月二二日に新井五段の北西の坑道で漏電によるガス爆発事故が起きた時のことだ。坑内で火災が発生し煙がもうもうと巻き上がる中で、労工を坑内に残したまま新井五段の坑道を封鎖するよう日本の統治者は命じた。坑内にいた労工一〇〇〇人余のうち出口に近いところにいた二〇〇人は出口が封鎖される前に脱出できたが、取り残された労工のうち三五七人が死亡し四百数十名が負傷する。労工・耿二虎《こうにこ》の父・耿老秋《こうろうしゅう》は、火災が発生し坑口が封鎖されたことを知って坑口に駆けつけ、封鎖を解き坑内に残された人を救出しようとするが、その場で日本兵に銃剣で突き刺され死亡した。

悲惨な状況におかれた労工たちは日本の統治者に反抗した。それに対し日本の統治者は、労工たちの反抗を鎮圧するため、鉱山の東門から遠くないところに労工研究所を設立する。労工研究所は中国人労工を虐待する部門であり、尋問室・刑罰室・地下牢獄・水牢獄や鉄の籠などがその中に備え付けられ、反抗する者や危険だと見做した労工を虐待した。そして、八路軍に通じているなどとして多くの労工が殺害される。労工研究所は、当時の労工たちから閻魔殿と呼ばれた。

記念館内の展示室には、「二〇号労工研究所」の入口と建屋の一部が立体的に再現され、自身の経験に基づき解放後に労工たちが制作した絵画を写した写真も展示されている。当時の苦難を体験した人たちが制作したこれらの絵画に、「二〇号労工研究所」などで日本軍国主義者による残忍な刑罰や拷問で苦しめられる労工の惨状が生々しく描かれている。

こうして、日本が井陘炭鉱を支配した八年間に四万六〇〇〇人の労工が死亡し、六カ所の主要な万人坑が炭鉱の周辺に残された。その六カ所は、南大溝・新井・崗頭・紅土梁・賈家坡《こかは》・老虎溝の万人坑である。その中で規模が一番大きく最も良好に保存されているのが南大溝万人坑だ。南大溝は、豪雨と鉄砲水により土壌が浸食されて形成された一条の大きな谷で、井陘鉱南鉱の南側に位置している。

南大溝万人坑の始まりは、一八〇〇年代の最後にドイツ人が中国の農民から南大溝一帯を買い取り墓地にしたことだ。当初は、労工が死亡すると、南大溝の南側の崖の上に埋められた。その後、日本が占領する時代になると、死者もまだ息がある労工も南大溝の中に投げ捨てられるようになる。そして、冬の南大溝には、狼や野犬に食い散らかされ凍りついた膨大な数の遺体が散らばり、夏は遺体の腐臭が耐え難い。その酷い状況に人々は心を痛めた。こうして南大溝に万人坑が形成された。

血の泪が告発する！
万人坑で収集されたおびただしい数の頭蓋骨。その写真が記念館入口で来館者を迎える。

井陘炭鉱の遺骨は、いつの時代のものなのか区別が難しいとのことだが、清朝末期に炭鉱に働きに来た農民は、病気になれば郷里に帰り、死亡すれば家族の墓地に埋葬された。だから、清朝末期までの遺骨が万人坑の中に混在しているとしてもごくわずかでしかない。

一九七一年に南大溝は発掘・調査され、井陘炭鉱で犠牲になった労工の遺骨が収集された。その中には、穴があいている頭蓋骨や折れている足の骨や折れている鎖骨もあった。また、二体か三体の遺骨がまとめて入れられている棺や、生き埋めにされた労工や、虐待を受けて死亡した少年工の遺骨も発見された。そして、犠牲者を追悼する墓苑が南大溝に設営された。また、万人坑の歴史を記録し残すため南大溝に記念館が建設され、受難労工を追悼する記念碑も併せて建立された。

現在の記念館は一九九七年に新たに建設された施設で、展示室入口の正面の大きな壁面に、おびただしい数の頭蓋骨が並ぶ巨大な写真が掲示されている。万人坑で収集された犠牲者の頭蓋骨が並べられた時の証拠写真だ。その写真の上に巨大な文字で「四六〇〇〇の犠牲者同胞、血の泪が告発する」と記されている。

犠牲者の遺骨

田館長の説明が一区切りついたところで、犠牲者の遺骨を並べ万人坑を再現している展示室に戻り、犠牲者追悼式を行なう。これまでと同じように色紙と花を「万人坑」に供へ、犠牲者を追悼し不戦の決意を示す言葉を野津喜美子さんが中国語で読み上げる。

さて、記念館本館建屋の裏口側に出ると、公園のように整備された広い緑地があり、一般の住居あるいは倉庫のような感じの大小の小屋が緑地内に何棟も建てられている。一九七〇年代に設置された遺骨収納室（保管庫）などであり、一九六〇年代から七〇年代にかけて四カ所の万人坑から収集された遺骨が保管されている。

それぞれの収納室には、橙色の背景に写真と説明文で構成する真新しい解説パネルが設置されていて、ある四畳半一間くらいの小さな収納室に設置された解説パネルには次のように記されている。

「井陘鉱区万人坑は全部で六カ所ある。旧社会において、およそ四万六〇〇〇人の犠牲鉱工が、井陘鉱区のこの六カ所の万人坑にまとめて投げ捨てられた。その中でも南大溝万人坑は、利用された期間が最も長く、投げ捨てられた鉱工の数も一番多い。一八九九年から一九四七年までの四十余年の歳月の間に、内外の暗黒

山積みの棺桶
労工の死体を搬送するため井陘炭鉱が準備した棺桶の山（李秉剛氏提供写真）。

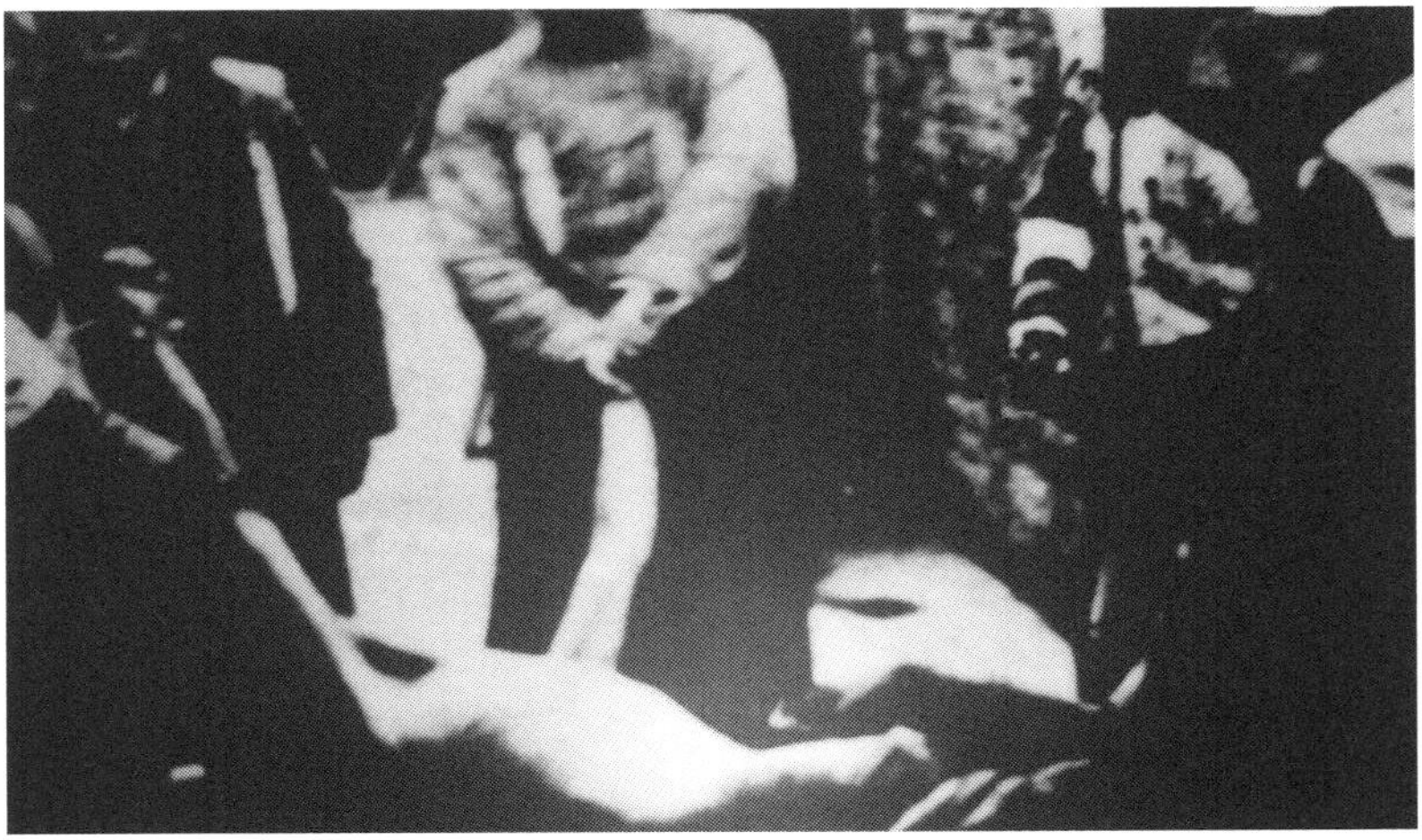

死体処理
死亡した労工が、裸のまま手足を引っ張られ引きずり出される（李秉剛氏提供写真）。

勢力とりわけ日本軍国主義者は南大溝万人坑に犠牲鉱工を投げ捨て続け、約三万人が南大溝に捨てられた。これは、前世紀七〇年代（一九七〇年代）に建てられた万人坑遺骨収納室の一つである。この収納室の中に保管されているのは、何とかして生き抜こうともがいた鉱工の遺骨である」。

解説パネルには、この解説文と共に写真二枚が掲載されているが、そのうちの一枚はこの収納室の外観写真で、もう一枚が、この収納室に保管されている犠牲労工の遺骨の写真だ。生き埋めにされ、地中から脱出しようと必死にもがき、そして力尽きて死んだ労工がそこにいる。収納室は閉じられていて中を覗くことはできないが、中の状況はこの写真でよく分かる。この写真は、記念館内の展示室にも掲示されている。

別の六畳間ほどの収納室の解説パネルには次のように記されている。

「旧社会、なかでも日本軍の中国侵略時期において過労と飢えにより死亡した井陘鉱工の数は万の単位になる。彼らの遺体と、重病になったもののまだ生きている鉱工が全てまとめて鉱区の万人坑に投げ捨てられ、狼や野犬に食い散らされた。

これは、前世紀七〇年代（一九七〇年代）に建てられた万人坑遺骨収納室の一つであり、この中に安置されているのは一人の童工の遺骨である」。

この収納室も中を覗くことはできないが、中に保管されている童工の遺骨の写真と収納室の外観写真が解説文と共に解説パネルに掲示されている。

長さが二〇メートルくらいある大きな遺骨収納室の解説パネルには次のような説明文が掲載されている。

「鉱区の南大溝は井陘炭鉱の南側にあり、井陘鉱の採掘（開鉱）初期の一〇〇年前は、深さは約一〇メートル、幅は約四〇メートルあった。鉱工が死ぬと、南大溝の南岸に埋葬された。日本軍の中国侵略時代には、死亡した者と、まだ息があり生きている中国人鉱工が南大溝の中に乱雑に捨てられ、狼と野犬に食い散らされた。冬は荒野に死骸が横たわり、夏は腐臭が耐え難く、その酷い情景に人々は心を痛めた」。

これらの保管されている遺骨の将来について田宏生館長は、記念館内にあるガラス室の中に保管している遺骨と併せ、犠牲者を追悼する施設を作りたいと考えている。

さて、現在の井陘鉱区万人坑記念館は、一九九七年に大幅に拡張され建て直された新しい施設だ。そして中国では、日本の侵略犯罪を告発する記念館などの古い施設が以前からあった各地で、この様な巨大な新しい記念館が二〇〇〇年代以降に次々に建設され公開されている。その背景に、小泉や安倍のような極右の歴史改竄主義者が首相になり、侵略する国に再びなる道を突き進んでいる日本に対する中国指導者の警戒感や危機感があることは明らかだ。

しかし、もう一つの理由として、中国共産党の存在理由と正統性を中国国民に教育するという目的もあるのだと思う。井陘記念館にも次のような主張が掲示されている。「(中国) 共産党が存在しなければ新中国は存在しなかった。遅れをとればたたかれる。発展こそが確実な道だ」。「立ち遅れた民族は弱肉強食 (の世界) に飲み込まれ、強大な国家 (だけ) が世界民族の森にそびえ立つことができる。私たちは (抗日戦争に勝利した) 歴史を記憶しよう」。

皇冠塔

正午にバスに乗り井陘鉱区万人坑記念館を出発し、ほんの一分か二分で、井陘鉱区の住宅街の中にある史

皇冠搭と石炭昇降機
1915年に設置され、水蒸気動力で石炭を地下から引き上げるのに利用された。

跡公園に到着する。

史跡公園の中心にあるのは水蒸気動力発生施設と石炭を引き上げる昇降機だ。一九一五年に現在の地に建設された、八画形の搭の形をしている高さ三六メートルの水蒸気動力発生施設は、その下部にボイラー、上部に水タンクが配置され、搭の中心部は煙突になっていて、石炭を熱源にして水蒸気を発生させる。発生させた水蒸気は、電力がない時代に水蒸気動力で石炭を地下から引き上げるのに使用され、その特徴的な形状から皇冠搭と呼ばれている。皇冠搭には螺旋状の階段が付設されていて天辺《てっぺん》まで上ることができる。最上部には、四角い窓をたくさん備え付ける八角形の部分（部屋）があり、その窓から労工を監視したということだ。皇冠搭の隣に、搭に比べると半分くらいの高さの櫓《やぐら》が建っている。これが地下から石炭を引き上げる昇降機だ。

皇冠搭と昇降機の櫓が設置されている広い一画は鉄柵で囲まれ史跡として保存されている。その周りに広い公園が広がり人々がゆったりと散策できる。鉄柵の中に設置されている白い石造りの記念碑には次のように刻まれている。

「皇冠塔／皇冠塔は一九一五年（民国四年）に建てられた。形が特異で皇冠に似ているのでこのように呼ばれる。井陘炭鉱の特徴を示す建造物である。

この塔の設計は科学的に合理的で、構造は特異かつ巧妙である。高さ三六メートル、床面積三八平方メートル、外壁は八角形状で石の土台を備える。西洋風の鉄製の門と窓。塔本体は赤煉瓦を積み上げて築かれ、セメントで梁を囲んで固定している。内外二層に分かれ、内側は煙を通す煙突で、外側は螺旋階段である。搭頂の凸出部に五〇立方メートルの水を貯蔵できるいわゆる給水塔である。頂部は赤色の瓦で覆われ、見た感じは実用的で、その価値は非凡。独自の特色を表わしていると言える。当時のままの高搭は、まっすぐに高くそびえ立つ西洋風の建物で、厳粛で美しくあでやかな姿である。

二〇〇一年二月七日、河北省人民政府により第四群の省級重点文物保護単位に指定された。歴史を残し政治に役立て後世に伝えるため井陘鉱務局がこの碑を建てる。／二〇〇六年七月一八日」。

皇冠搭と昇降機の確認を一〇分ほどで終えて記念館にいったん戻り、お世話になった田宏生館長と記念館で別れ、私たち一行は石家庄に向かう。

第一〇章　華北軍区烈士陵園

井陘鉱区から一時間半くらいで石家庄市街に戻り、午後一時四〇分頃に食堂に入る。この日の夜の飛行機で私たちは石家庄から上海に移動するので、李秉剛さんと何天義さんとお連れ合いの畢玉春さんと今回の訪中でいっしょに食べる最後の食事になる。そこで、少し豪勢な食堂に入り大きな丸い食卓を全員で囲み、御礼の気持ちと再会の願いを込め豪華な食事をみんなで食べる。

そのあと、上海行きの飛行機の出発まで少し時間があるので、華北最大の烈士陵園である中国人民解放軍華北軍区烈士陵園を散策しようということになり、午後三時頃に食堂を出て一〇分ほどで華北軍区烈士陵園に到着する。

日曜日の午後だが烈士陵園の中は閑散としていて参観者はほとんどいない。烈士陵園の中央にある石畳の広大な広場の中心には、二〇〇九年に建立された巨大な記念碑があり、その正面に大きな文字で「為国犠牲永垂不朽／毛沢東」（国に捧げた命は永遠に不滅である／毛沢東）と刻まれている。

この記念碑から一〇〇メートルほど離れたところに国旗掲揚搭がある。二日後の一〇月一日の国慶節の日に挙行される記念式典の予行演習ということなのだろう、本番と同じ音量と思われる大音響の中国国歌を流しながら担当職員らが国旗掲揚の練習をしている。国家演奏の開始時に最下段にある中国国旗を、国歌演奏の終了時に最上段に上げる作業を手動で行なうのだ。本番で失敗は許されないので、担当職員らは練習を何度も繰り返している。その度に大音響の中国国歌が烈士陵園に響き渡る。

さて、『石家庄愛国主義教育基地巡礼』(注一八)という本に華北軍区烈士陵園が紹介されているので、以下に引用しておこう（原文は中国語。青木訳）。

「華北軍区烈士陵園は石家庄市中山西路三四三号にあり、敷地面積二一万平方メートル。一九五四年に建設され開放された。我が国（中国）において建設時期が比較的早く、規模が比較的大きく、建築規格が比較的高い烈士陵園の一つである。二〇〇一年に中央宣伝部により『全国愛国主義教育模範基地』に指定された。

華北軍区烈士陵園内には、我が国のこれまでの夫々の革命の歴史で犠牲になった三一八名の連隊責任者以上の革命烈士の棺が埋葬され、建国後に犠牲になったり病死した六六〇名余の革命烈士と紅軍兵士の遺骨が安置されている。我が国の早い時期における労働運動の指導者である高克謙、著名な冀中回民支隊司令官で民族英雄の馬本斎、晋察冀《しんさつき》民兵爆弾英雄の李混子、全国に名を知られる援軍模範で『子弟兵（人民解放軍）の母』の戎冠秀、新時期の『愛民模範』の張金垠、中国人民志願軍第六七軍軍長の李湘などの著名烈士や、偉大な国際主義戦士である白求思（ベチューン）や柯棣華らがここに永眠している。陵園内に収蔵している革命歴史文物や烈士の遺品などは一万一〇〇〇点余になる。

華北軍区烈士陵園内には数多くの大型烈士記念建築物が建造されていて、南北主軸線と三本の東西軸線上にそれぞれ配置されている。記念建築物の主要なものは、革命烈士記念碑・革命烈士銅像区・銘碑堂・烈士墓区・華北戦争史館・革命文物庁・烈士記念館・白求思インド中国支援医療隊記念館・烈士記念碑亭、白求思の墓、柯棣華の墓、董振堂と趙博生烈士記念碑亭などである」。

烈士陵園では宣伝科解説員の李麗さんが同行し解説してくれるが、園内にたくさんある展示施設や記念館のうち白求思（ベチューン）インド中国支援医療隊記念館を案内してもらっただけで予定の時間が過ぎてしまう。

華北軍区烈士陵園の参観を終えたところで何天義さん夫妻と別れることになる。労工問題の専門家として素晴らしい業績を残している何天義さんには、この後もいろんなことでお世話になりたいと思っている。この二日間の御礼と感謝の気持ちを何さんに伝え再会を約束し、午後四時過ぎに、何さん夫妻に見送られ烈士陵園を出発し石家庄飛行場に向かう。

訪中初日の九月二三日の大同空港からここまで一人でバスを運転してくれている張珍会さんとも石家庄で別れることになるが、その張珍会さんが組み紐の飾りをお土産として私たち全員に渡してくれる。バスの運転手から土産をもらうのは、私にとっては初めてのことだ。そして、大同を出てからこの日の石家庄までのバスの走行距離は二四〇〇キロにもなる。

午後五時に石家庄飛行場に到着する。李秉剛さんは午後八時三〇分に石家庄を出発する高速鉄道で北京に帰るが、北京には一時間半ほどで帰れるとのことだ。ガイドの張鉄民さんの同行も石家庄までだ。中国を侵略した日本の加害現場を訪ねる今回のようなガイドは、張鉄民さんにとって初めての経験とのことだ。七日間にわたりお世話になった李秉剛さんと張鉄民さんと別れ私たちは搭乗口に入る。

第一一章　銭家草惨案

九月二九日午後七時五分発の予定だった石家庄発の上海便は結局一時間以上遅れ、午後八時五分に搭乗が始まり、実際に離陸したのは午後八時三〇分だ。上海空港には午後一〇時二〇分頃に到着し、到着ロビーで上海のガイド・黄建軍さんが迎えてくれる。そして、上海空港をバスで出発し、宿舎のホテルに午後一一時一〇分過ぎに到着する。

その翌日は、訪中八日目の九月三〇日で、今回の訪中の最終日となる。この日私たちは、日本軍による中国人住民虐殺事件の現場の一つである銭家草を訪ねる予定だ。ところで、今回私たちが銭家草を訪ねるきっかけになったのは、八月に毎日新聞で報道された記事だ。その記事について次項で簡単に説明しておきたい。

「抗日掃討」の記録写真四六枚を発見

二〇一三年八月一四日の毎日新聞に、「『抗日掃討』の記録写真／上海近郊旧日本軍が撮影／四六枚発見」という見出しの記事が掲載された。敗戦記念日の頃に毎年掲載される「戦争」に関わる特集記事の一つで、紙面の半分ほどを占める大きな扱いだ。八月一九日には同紙「オピニオン欄」で、「昼さがり、農村に惨劇／日中戦争掃討作戦、兵士の手紙／高揚感生々しく」などの見出しで、紙面全ページを埋める続報が掲載された。

臺宏士記者が報告するこれらの記事の発端は、日中戦争中に日本軍が実施した「掃討作戦」を撮影した大量の写真が見つかったことだ。この大量の写真は、「掃討作戦」に参加した日本兵が、東京都内に住む妻の妹宛に作戦終了後すぐに送付した手紙（軍事郵便）に同封されていたもので、臺記者は写真の存在を二〇一〇年五月に知ることになる。

見つかった写真は全部で四六枚あり、「A4判ほどの便箋4枚に、部隊の出発風景から集落の家屋に放火する様子、捕虜らの尋問、処刑後に埋められる穴を捕虜自身に掘らせた後に銃剣で突き刺す瞬間などの写真が説明とともに貼られていた」。これらのうち、石油をまいて家屋に放火する日本兵の写真には「どんどんつかまえちまえ、そっちへ逃げやあしないか」、自身が処刑された後に埋められる穴を掘らされる中国人農民の写真には「自分の這入（はい）る穴を一生懸命に掘って居ます」（原文のまま）、捕まえられた中国人農民の写真には「銃殺が行はれ初めた。それを見て居る土匪」（原文のまま。「土匪」は抗日軍兵士や抗日人民のこと）という説明が付記されている。このような説明が他の写真にもそれぞれ付記されている。

手紙に記された日本兵本人の氏名と宛先の住所、所属部隊の大隊長と中隊長の名字から、この日本兵（故人）の関係者と所属部隊を捜し出し、防衛省防衛研究所・国立公文書館・国立歴史民俗博物館に所蔵されている史料を、専門家の助言を受けながら臺記者が調べ、日本側の史料だけで次のようなことが分かる。

この日本兵が所属していたのは中支那派遣軍近衛師団の後備歩兵大隊で、一九三七年一〇月に出征して上海周辺に駐屯し、鉄道警備や占領宣伝工作を担当する。そして一九三八年三月三日に、現在の上海市松江区新浜鎮にある銭家草という集落を約一〇〇名の兵士により掃討し、七五人の捕虜のうち四〇人を銃剣と機関銃で処刑した。発見された写真には、この銭家草掃討作戦における村の急襲から捕虜の処刑に至る一連の事実が記録されている。

都留文科大学の笠原十九司名誉教授は、「(日中戦争に関わる多数の証言と共に)写真も伝わっているが、撮影時期や場所があいまいで信ぴょう性に欠けるものも少なくなかった。今回見つかった写真は撮影時期・場所が特定できるもので、第一級の史料といえる。文書などで当時の様子は知っていたが、生々しい連続写真は極めて価値が高い」と指摘している。

日本側の史料で判明した事実を検証するため、二〇一三年の六月下旬に上海市郊外にある銭家草を臺記者は訪ね、一九三八年の虐殺事件(銭家草惨案)を体験した王書珍さんらから当時の話を聞くことができた。そして、犠牲者を追悼するため作られた記念碑が集落の近くに現在も残されていて、銭家草惨案は村人に語り継がれていることが分かる。

惨案から七五年目の銭家草を訪ねる

さて、中国に残る日本の侵略加害現場をここ数年毎年訪ねている私たちのグループは、この年(二〇一三年)も九月下旬に訪中し上海も訪ねる計画を練っていた。その途中で毎日新聞記事により銭家草惨案のことを知り、銭家草を訪問先に加えることにする。そして、九月二三日に中国に入り各地を訪ねた私たちは、九月二九日の深夜に上海に入り、この日（九月三〇日）銭家草を訪ねることになる。

こういう経緯を経て、上海市街にある宿舎のホテルを九月三〇日朝八時に私たちは出発し銭家草に向かう。ガイド兼中国語（普通語－現代中国の標準語）通訳の黄建軍さんの他に、上海語の通訳として屠さんが同行してくれる。バスの運転手は葉雪松さんだ。

上海市街から銭家草までは六〇キロ弱で、高速道路を利用し一時間余で銭家草に着く。八七世帯二六一人が暮らす銭家草の集落は、日本の稲作地帯と同じような水田が延々と広がる平野の中にある。集落の中を水路が流れる美しい村だ。

銭家草惨案を体験した生存者の中で現在最高齢の王書珍さん（女性）を自宅に訪ねると、王さんは笑顔で私たちを迎えてくれる。王さんが住む家は二階建ての白い壁の住宅で、二男家族といっしょに暮らしているとのことだ。王さんは現在（二〇一三年）九〇歳で、一五歳のときに惨案を体験しているので、惨案当時の情況はきちんと把握している。

王さん宅には、惨案時に八歳で現在八四歳（八三歳？）の李阿去さん（女性）と、現在七五歳で惨案時は生後二カ月の李志平さん（男性）も集まってくれている。そして王書珍さんは、自宅の一階にある土間で銭家草惨案について話し始める。

王書珍さんが体験した銭家草惨案

銭家草で日本軍が住民虐殺事件を起こした一九三八年三月三日はその年の春節の直前であり、春節を迎え

銭家草惨案の幸存者
右から順に、李阿去さん、王書珍さん、黄建軍さん（通訳)、李志平さん。

る準備を村中の人がしていた。そして、親戚の人たちも集まりお茶を飲んだり麻雀で遊んだりしているところを日本兵が突然襲ってきた。

日本兵は、橋の辺りから銃を撃ちながら村に入り、男だけをヒモで縛り、記念館がある辺りに連行する。そして、捕まえた男たちに大きな穴を掘らせた。穴が掘り上がると、日本兵は男たちを一列に一〇人ずつ並ばせ、機関銃や銃剣で殺害し穴に放り込む。そしてガソリンをかけて男たちに火を付ける。まだ生きている人が炎から逃れようとして立ち上がると、日本兵が銃剣で刺し殺した。そして日本兵は、遺体に土をかけずに放置したまま引きあげた。

一方、女性は日本兵に連行されなかったので、家の中に潜んでいた。しかし、しばらくすると日本兵が村中の家に火をつけるので、女性たちは裏口から逃げ出した。この時、家の中で猫を抱いていた子ども一人が焼け死んだ。また、ある一人の女性は化粧をしているところを日本兵に捕まり、銃で脅されて強姦される。しかし、命まで奪われることはなかった。

結局、記念館の辺りで殺害された男性は四二人になるが、記念館の辺り以外でも二二人が殺害され、この事件で殺された人は、子どもも含め六四人になる。しかし、殺害されたのは普通の農民ばかりで、抗日組織と関係がある人や兵士は村にはいなかった。

日本兵が引きあげたあと、親族らが遺体を引き取り、棺桶がないので遺体を布で巻いて埋葬する。この事件で王さんは父と甥と姪を殺された。李阿去さんは、さとうきびを栽培していた父を殺される。李志平さんも父と家族を殺された。こうして多数の男性が殺されたので、農業をできる人が村にいなくなってしまった。

王さんはこんなふうに惨劇の様子を話してくれた。当時の話をすると王さんは涙がポロポロでてくる。先日も、墓参りに行った時に涙が止まらなくなったとのことだ。

銭家草惨案を伝える記念碑

銭家草に残された人たちは、事件を伝え犠牲者を追悼するため、六四名の犠牲者のうち四二名が虐殺された現場に記念碑を設置する。しかし設置後に、その現場と記念碑の真上を高速道路が通ることになり、高速道路から少し離れた位置に記念碑は移設されたとのことだ。その記念碑を李志平さんに案内してもらうことにする。

王書珍さん宅で話を聞いたあと李志平さんの案内で記念碑に向かうと、集落から三〇〇メートルくらい離れた辺りの水田が広がる中に、背の低い樹木がかたまって雑木林を形成している一画がある。その中に記念

銭家草惨案記念碑

正面から見る記念碑。裏面には、惨案のようすが小さな文字でびっしりと刻まれている。

碑が移設されていた。

記念碑は、高さ六〇センチ・幅一メートルくらいの板状のものだ。赤レンガを積み重ね、表面をセメントで塗り固めて造られているようで、正面に大きな文字で「銭家草惨案記念碑」と刻まれている。裏面には、惨案のようすが小さな文字でびっしりと刻まれている。私たちは記念碑に花を供え、二度と過ちを犯さないことを誓い、私たちなりの犠牲者追悼式を行なう。

毎日新聞で報道された後に銭家草を訪ねてくるのは私たちが初めてとのことだが、日本軍による中国人集落掃討作戦の写真が記録としてきちんと残る銭家草惨案は、日本による中国侵略の実態を明らかにする貴重な事例だ。この事実を加害者の日本こそ大切にしなければならない。

記念碑の場所から集落に戻り、王書珍さんらに御礼の気持ちを伝え、お菓子などの御土産を渡し、一一時半頃に銭家草を出発する。

終章　華北への想い

上海師範大学「慰安婦」資料館

九月三〇日の一一時半頃に銭家草を出発した私たちは、上海市桂林路一〇〇号にある上海師範大学に一二時半頃に到着する。その東部キャンバスに中国「慰安婦」資料館がある。この資料館が開設されたのは二〇〇六年八月で、私は二〇〇七年一二月に訪ねたことがある。(注二)その時は、上海師範大学教授で中国「慰安婦」問題研究センター主任の蘇智良教授が、「慰安婦」問題と中国初の「慰安婦」資料館について詳しく話を聞かせてくれた。

そして今回も蘇智良教授が私たち一行を歓迎してくれる。私にとっては六年振りの嬉しい再会だ。六年前にこの資料館で蘇教授に会ったときの写真を手渡し再会を喜び合う。そして蘇教授は、日本軍「慰安婦」制度や性暴力について熱心に説明してくれる。

帰国、そして華北への想い

中国「慰安婦」資料館の訪問で今回の訪中の全ての予定を終えた。あとは、夕刻に上海空港を出発する中国東方航空機で日本（関西空港）に帰るだけだ。

私たちの「万人坑を知る旅」訪中団は、初回の二〇〇九年から四回目の二〇一二年まで毎年中国東北部、つまりかつての「満州国」を訪ねた。「満州国」は、華北から強制連行されてきた七八〇余万人を含む一六四〇万人もの中国人が強制労働を強いられた地で、強制労働させられた中国人の八割とか九割が死亡する現場（事業所）もたくさんあるというすさまじい地域だ。その結果として作られた数多くの万人坑を私たちは確認してきた(注一)(注二)。

そして、二〇一三年の今回は五回目の「万人坑を知る旅」訪中団になるが、初めて華北を訪ねた。その華北は、実は、東北部の「満州国」に匹敵するというか、「満州国」をはるかに上回るすさまじい地だ。

一九三七年から一九四五年の間に日本により華北で奴隷労働（強制労働）を強いられた中国人は二〇〇〇万人以上にもなる(注一九)。それとは別に、一九三四年から一九四五年の間に華北から華北以外の地へ強制連行され強制労働させられた中国人が一〇〇〇万人もいる。その連行先の内訳は、「満州国」が七八〇余万人、蒙疆《もうきょう》地区が三二万余人、華中が約六万人、さらに日本本土へ三万五七七八人、朝鮮へ一八一五人などだ(注一九)。

今回の訪中では、華北に残る膨大な数の日本の侵略犯罪現場のうち、巨大な氷山群の中のほんのわずかな一角にもならない部分を覗いただけだ。それでも、すさまじい状況であることを確認できた。大同炭鉱・宣化龍煙鉄鉱・承徳水泉溝・塘沽集中営・天津烈士陵園・石家庄集中営・井陘炭鉱、そのいずれもが、とんでもない事実を示している。そして、そういう侵略犯罪の現場が無数にあり、それらを合わせると、華北で強制労働を強いられた中国人が二〇〇〇万人、華北から華北以外の地へ強制連行され強制労働させられた中国人が一〇〇〇万人になる。

この事実を加害者の日本が否定したり改竄したり無視したり忘れたりすることが許されるはずがない。私たちにとって初めての華北は、やはりとんでもないところだった。

注

（注一）青木茂著『万人坑を訪ねる―満州国の万人坑と中国人強制連行』緑風出版、二〇一三年

（注二）青木茂著『日本の中国侵略の現場を歩く―撫順・南京・ソ満国境の旅』花伝社、二〇一五年

（注三）李秉剛著『万人坑を知る―日本が中国を侵略した史跡』東北大学出版社（中国―瀋陽）、二〇〇五年

（注四）高嵩峰・李秉剛編著『私は地獄へ行ってきた―中国東北部、旧日本軍占領地区の生存労工の記憶』遼寧大学出版社（中国―瀋陽）、二〇〇九年

（注五）高嵩峰・李秉剛編著『走过地狱―日本侵华期间幸存劳工的回忆』東北大学出版社（中国―瀋陽）、二〇一三年

（注六）李秉剛・高嵩峰・権芳敏著『日本在東北奴役労工調査研究』社会科学文献出版社（中国―北京）、二〇〇九年

（注七）李秉剛著『遼寧人民抗日闘争簡史』遼寧人民出版社（中国―瀋陽）、一九九七年

（注八）孙国田・孙颖著『大地作证 1931―1945 日军侵华史迹调查手记』群众出版社（中国―北京）、二〇一〇年

（注九）李君主編『大同煤矿〝万人坑〟遺址纪念馆―讲解词』大同煤矿〝万人坑〟遺址纪念馆（中国―大同）

（注一〇）李平・李君主編『銘記歴史―大同煤矿〝万人坑〟遺址纪念馆』大同煤矿〝万人坑〟遺址纪念馆（中国―大同）

（注一一）笠原十九司著『日本軍の治安戦―日中戦争の実相』岩波書店、二〇一〇年、一三一頁

（注一二）岡部牧夫・荻野富士夫・吉田裕編『中国侵略の証言者たち―「認罪」の記録を読む』岩波書店、二〇一〇年

（注一三）姫田光義・陳平著『もうひとつの三光作戦』青木書店、一九八九年

（注一四）仁木ふみ子著『無人区―長城のホロコースト―興隆の悲劇』青木書店、一九九五年

（注一五）青木茂著『偽満州国に日本侵略の跡を訪ねる』日本僑報社、二〇〇七年

（注一六）本多勝一著 ①『中国の旅』朝日新聞社、一九七二年 ②同名の文庫本、朝日新聞社、一九八一年 ③『本多勝一集14─中国の旅』朝日新聞社、一九九五年

（注一七）石上正夫著『平頂山事件─消えた中国の村』青木書店、一九九一年

（注一八）高尾翠著『天皇の軍隊と平頂山事件』新日本出版社、二〇〇五年

（注一九）平頂山事件訴訟弁護団編著『平頂山事件とは何だったのか─裁判が紡いだ日本と中国の市民のきずな』高文研、二〇〇八年

（注二〇）大谷猛夫著『日本の戦争加害がつぐなわれないのはなぜ!?』合同出版、二〇一五年

（注二一）本多勝一著『中国の日本軍』創樹社、一九七二年

（注二二）何天义編著『日军侵华战俘营总论』社会科学文献出版社（中国─北京）、二〇一三年

（注二三）外務省作成『華人労務者就労事情調査報告書』（全五冊、総計六四六ページ）。復刻版として『中国人強制連行資料─「外務省報告書」全五分冊ほか』現代書館、一九九五年

（注二四）天津市烈士陵園編『在日殉難烈士労工記念館』冊子（中国─天津）、二〇一五年

（注二五）大澤武司著『日中民間人道外交における中国人遺骨送還問題』中央大学社会科学研究所年報第8号、二〇〇三年

（注二六）山内小夜子著『中国人殉難者遺骨送還運動─戦後の日中友好交流の先駆─』真宗大谷派宗務所─教化研究第142号、二〇〇八年

（注二七）『被奴役的悲惨歳月─王躍清訪談録』孫立确・何海・劉力楠、二〇〇一年七月二〇日訪問、範媛媛─整理（まとめ）

（注二八）孫万勇主編『石家庄愛国主義教育基地巡礼』中共石家庄市委宣伝部（中国─石家庄）、二〇一一年

（注二九）中央档案館・中国第二歴史档案館・河北省社会科学院編『日本侵略華北罪行档案2戦犯供述』河北人民出版社（中国─石家庄）、二〇〇五年

補足編１　晩秋の黄土高原を訪ねる

山西省・太原へ

二〇〇八年一一月一日、上海虹橋空港を午後五時四〇分に出発する予定の太原行き海南航空ＨＵ七三七六便に搭乗するため、午後五時一〇分を少し過ぎてから石田米子さんと二人で受付窓口に行くと、出発時刻の三〇分前で受付を締め切ったのでＨＵ七三七六便にはもう搭乗できないと係員に言われる。まだ出発の三〇分前であり、搭乗券を購入しているのに乗れないのはおかしいと文句を言ってみても後の祭りだ。この年の八月に北京オリンピックを成功させた中国では飛行機の定刻発着を進めてきていて、出発の三〇分前までに受け付けを済ませることが既に常識になっているようだ。しかし、その「常識」が石田さんにも私にも無かった。この日、中国東方航空機で日本から中国に飛んできた私たちは上海虹橋空港には午後四時半前には着いていたのだが、空港内の食堂で石田さんと二人でビールを飲んだのが災いの元になった。高いビール代になってしまった。

海南航空のＨＵ七三七六便より遅い太原行きの便は無いはずなので困ったことになったと頭をかかえると、

もっと遅い便が他の航空会社にあると搭乗受付の係員に教えられ、案内された中国東方航空の受付で尋ねると、午後八時四〇分発のMU二一四一便があるという。実は、MU二一四一便の搭乗券を最初は予約していたのだが、この日は運行が中止になるという話があり、値段の高いHU七三七六便にわざわざ変更していた。その中止になるはずのMU二一四一便が運行されるというので、訳は分からないが、ともかくこの日のうちに太原に飛べるので助かった。両替したばかりの中国元で、中国東方航空の受付でMU二一四一便の搭乗券を一人当たり六八〇元（約一万円）で購入し、やれやれと安堵する。勿論もう失敗はできないので、すぐに搭乗手続きを済ませる。

思わぬことで三時間の「余裕」ができたので、空港内の食堂に入り温かい湯麺を食べビールを飲み直す。そして、午後八時四〇分発のMU二一四一便で、山西省の省都・太原に向け上海虹橋空港を飛び立った。太原までは、漆黒の闇の中の二時間少々の空の旅になる。

なぜ山西省を訪ねるのか

私は、山西省を訪ねてみたいと随分前から思っていた。それは、日本軍の兵士として三年八カ月にわたり主に山西省で従軍した近藤一（注一）（注二）さんという人から、山西省での加害者としての体験を何度も聞いていたからだ。（注三）近藤一さんは二〇〇〇年八月に、敗戦以後では初めて中国に行き、かつて日本軍兵士として従軍した山西省の各地を訪ねた。それ以来何度も何度も近藤さんは山西省を訪ねるが、いずれも、「中国における日本軍の性暴力の実態を明らかにし、賠償請求裁判を支援する会」（略称は「山西省・明らかにする会」、本稿では

「明らかにする会」とも略称する）の山西省訪問に同行しての訪中である（注四）。

こんなことで随分前から私は、「山西省・明らかにする会」の訪中に同行させてもらい、被害者の視点で山西省のことを知りたいと思っていた。

「明らかにする会」は年二回、春と夏に山西省を訪ねるのを恒例にしているが、二〇〇八年夏の訪問では、山西省武郷にある八路軍記念館（注五）で開催される予定の「日本軍性暴力パネル展」にも出席できる日程が組まれそうだったので、この機会にと思い「明らかにする会」の訪中に同行をお願いし、私にとって初めての今回の山西省訪問となった。その後、八路軍記念館での展示会は、いろいろな曲折を経て開催が延期されたが、それは次の機会の楽しみとしておこう。

山西省・明らかにする会

今回の山西省訪問で同行をお願いした「山西省・明らかにする会」の当初の正式名称は「中国における日本軍の性暴力の実態を明らかにし、賠償請求裁判を支援する会」というもので、この長い名称がこの会の実態をよく表わしている。

「明らかにする会」が山西省の黄土高原の農村に入り、日本軍による性暴力の被害実態の調査を本格的に開始したのは一九九六年一〇月のことだ（注四）。そして、「明らかにする会」が聞き取り調査をした被害女性のうち一〇人（一人は遺族）が、日本国政府を相手に謝罪と損害賠償を求める裁判を一九九八年一〇月に東京地裁に提訴する（注六）。その裁判を支援し、性暴力被害を受けた女性たちの名誉回復の闘いを支え、現地での交流や医療支援を続けながら、引き続き性暴力被害の実態調査を「明らかにする会」は続けるので、長い正式名称はこの会の実態を的確に示している。

二〇〇五年一一月に最高裁で敗訴が確定した後は、「山西省における日本軍性暴力の実態を明らかにし、大娘《ダーニャン》たちと共に歩む会」に名称を変更し、山西省の現地農村を年に二回は訪ねるなど被害者と家族への支援と交流を続けている。(注四)なお、変更後の会の名称中の「大娘（ダーニャン）」は、山西省の農村の人たちが親愛の情を込めて高齢の女性を「おばあちゃん」と呼ぶときの「おばあちゃん」に相当する。

今回、上海から太原に向けいっしょに飛び立った石田米子さんは、「山西省・明らかにする会」の代表を務めている。

太原着

二〇〇八年一一月一日の午後八時四〇分に上海虹橋空港を飛び立った中国東方航空ＭＵ二一四一便は、山西省の省都・太原に向け予定通り飛行を続ける。そして、午後一〇時二〇分頃に、飛行機の窓から地上の灯りが見えるのに気づく。何本かの線になり連らなる地上の灯りは途切れることなく続く……。

もう七〇年ほども前のことだ。中国全面侵略を始めた日本軍は、いま機上から見える灯りがともる村や町を惨禍に陥れながら西に進み、山西省にも侵入し太原も陥落させた。一九四〇年一二月に二〇歳で徴兵された近藤一さんは、天津の東方に位置する塘沽の港から汽車に乗せられ、北京・石家荘を経て、石家荘と太原の中間にある山西省陽泉に二日間くらいかけて移動した。そして、陽泉からはトラックに乗せられ、さらに丸一日かけて、陽泉の南方一三〇キロくらいに位置する遼県に着任している。(注三)山西省で、さまざまで膨大な性暴力を中国人女性に対し加えた日本兵たちの多くも、今機上から見える灯りがともる中国の大地を通り山西省へ向かったのだろう。

午後一一時一〇分にMU二一四一便は太原空港に着陸する。太原空港には、約束より三時間も遅れて到着する石田米子さんと私を、山西大学副教授の趙金貴さんが迎えに来てくれている。趙金貴さんは「山西省・明らかにする会」がずっと世話になっている研究者で、日本語が堪能で通訳も務めてくれる人だ。

趙金貴さんが手配してくれた四輪駆動車で太原市内に移動し、深夜の零時頃にホテル・新紀元大酒店に入る。同じ日に成田空港を出発し北京経由で太原に入る「明らかにする会」の他の七名は新紀元大酒店に先に到着している。訪問団の九名が太原にそろい、いよいよ翌日は、山西省盂県の黄土高原の農村を訪ねる。いろいろな想いで期待が膨らむ。

盂県へ

一一月二日の朝、「山西省・明らかにする会」の会員らが乗り込んだ小型バスは午前八時三〇分に太原市内のホテル・新紀元大酒店を出発し、太原の東方に位置する山西省盂県に向かう。日本から来た九名に太原から同行してくれるのは次のような人たちだ。

万愛花さん：日本軍による性暴力の被害者。一九九二年に日本で開催された国際公聴会で、日本と世界の人々に中国人女性として初めて性暴力被害を証言した。一九九八年一〇月に、日本国政府を相手に謝罪と損害賠償を求める裁判を東京地裁に起こした一〇人の原告のうちの一人。

何清さん：山西省人民政府外事弁公室の元処長。「山西省・明らかにする会」の現地受け入れを「一手に引き受け……外国人にはなお事実上『未解放地区』である農村部（鎮・郷・村）や県城[注七]」での調査や活動を支えている人。

趙金貴さん：山西大学日本研究所副教授。「山西省・明らかにする会」の受け入れ窓口を最近は一手に引き受けている。日本語が堪能で通訳も担当してくれる。『黄土の村の性暴力』[注四]を中国語に翻訳し、二〇〇八年六月に中国で出版した[注八]。

この他に、山西大学の李書霞さん（教員）と若い女子学生三名、郷村教育促進会（ＮＧＯ）の耿欣悦さんらが同行する。そして、何清さんの息子の何栄平さんが小型バスの運転手を務めてくれる。

太原市内のホテルを八時三〇分に出発した小型バスは五分ほどで高速道路に入り、片側二車線の平坦な高速道路を快適に走る。そして、どれほども経たないうちに、日本では見ることが無い風景のただなかを走っていることに気づく。

大小のなだらかな起伏はあるが全体としては平坦な大地に緑の樹木はなく、乾燥した黄色い砂の大地が広がる。分厚い黄土で覆われる大地はいたるところで水の流れに深くえぐられ、谷というのか崖というのか壁のように切り立つ大小の地形を形造っている。こういう地形を地理学的な用語では侵食谷と呼ぶそうだ。切り立つ崖や角度のきつい山の斜面に横穴を掘って作られる窰洞《ヤオトン》と呼ばれる住居もあちこちで見ることができる。どこまでも続く黄色い大地……、晩秋の黄土高原は砂漠に近い乾燥した大地で荒涼としている。

九時頃に黄寨站インターチェンジで高速道路を降りる。あとは一般道を通り、太原の東方数十キロに位置する最初の目的地である盂県西煙鎮に向かう。西煙鎮は、「盂県西部の台地上に散在する村々の行政・経済の中心……である(注九)」。

西煙鎮・李貴明さん宅にて

太原出発から約一時間半後の午前一〇時ころ、盂県西煙鎮にある李貴明さんの畑の前の駐車場に到着する。駐車場には、農作物を運搬する大きな荷台の大型トラックが停まっている。雲一つない快晴の青空が広がり陽光がまぶしい。

畑の前でバスを降り、刈り入れが終わったトウモロコシ畑の中を通り、李貴明さんの住まいに向かう。畑には、枯れて乾燥したトウモロコシの茎や葉が残されているが、これらは燃料として利用される。収穫されたトウモロコシは、畑の中に作られた囲いの中や住居の脇に山積みにされている。

トウモロコシの黄色い山は、このあと農村の各農家のいたるところで見かけることになるが、晩秋の黄土高原によく似合う美しい風景に思える。そして、山のように積み上げられた黄色のトウモロコシは、農民にとって黄金の輝きにも見えるのだろう。一方で、「標高が高く降雨量も少ないこの地方では米も麦も栽培することができず、トウモロコシ・コウリャン・粟・ヒエ・ジャガイモ・ヒマワリなどが主な作物であり、農民の現金収入は著しく乏しい(注一〇)」という実情も理解しておきたい。

さて、李貴明さん(注一一)は盂県西煙鎮在住の農民で、日本軍による性暴力の被害者を掘り起こし、被害の実態を調査してきた人だ。「山西省・明らかにする会」の盂県現地での調査や被害者への支援は、李貴明さんの協力に支えられている。その李貴明さんは、この日、鮮やかな黄色の襟が目立つ紺色の防寒着を着て一行を迎えてくれた。

李貴明さん宅では、母屋の裏手にある離れの部屋に最初に案内される。その離れの部屋の中央に石炭ストーブが置かれ、ストーブの上にヤカンがかけられ、脇に猫が丸くなって暖をとっている。そしてその部屋に、李貴明さんのお母さんが病気で寝ていて、李貴明さんの弟さんらが看病している。寝ずの看病で弟さんの目がはれている。

李貴明さんのお母さんには、「山西省・明らかにする会」の人たちは大変にお世話になってきたということだ。しかし、今の病状は軽いものではなさそうで、床から起き上がるのも難しいようなようすだ。お見舞いの言葉をかける石田米子さんの手をにぎり李貴明さんのお母さんがいつまでも離さない情景が、初めて訪ねる私には深い印象として残る。心の通い合う深く長い交流があったことが、詳しい事情を知らない私にも素直に理解できる。

万愛花さんは李貴明さんの大叔母さんで、李貴明さんのお母さんの叔母さんに当たる。李貴明さんのお母さんと何かと助け合ってきたであろう万愛花さんは、李貴明さんのお母さんのこの病状にとりわけ気が重く心配なことだろう。

大勢のお見舞いでは長居することもできず、李貴明さんのお母さんと看病の弟さんらにいとまを告げ、李貴明さん宅の赤レンガ造りの母屋に移動する。

母屋で何名かの人と会うが、その一人が張双兵(注一三)(注一四)さんだ。張双兵さんは、「山西省・明らかにする会」とは別のNGOが支援し日本で提訴された中国人(注六)「慰安婦」(注一二)(注一五)裁判（＊1）を山西省現地で中心となって支えてきた小学校教師で、西煙鎮の北方十数キロのところにある農村・羊泉村に住んでいる。インターネットと電子メールを活用する、農村ではめずらしいインテリだ。そして、「山西省・明らかにする会」も張双兵さんの支援を受けている。今回の訪問でも、この日（一一月二日）から一一月四日の盂県西北部の農村・進圭社での現地調査まで、「明らかにする会」と共に行動してくれる。

王改荷さんは日本軍による性暴力の被害者で裁判原告の一人だが、二〇〇七年一二月七日に八八歳で亡くなった。その王改荷さんの娘さん（＊2）も李貴明さん宅に来ている。さっそく王改荷さんの娘さんに、「明らかにする会」の会報『出口气』の色刷り版を見せながら、ｗａｍの中国展（＊3）や山西省武郷で予定している展示会・武郷展（＊4）などについて川見公子さんが説明すると、趙金貴さんの通訳を聞きながら娘さんは涙を浮かべている。

王改荷さんが亡くなってからまだ一年も経っていない。加害者の日本が反省もせず謝罪もしない情況のまま母を亡くした娘さんには怒りと悲しみがいっぱいなのだろう。その怒りと悲しみを同じような目線で理解し支えようとしている日本の友人との再会は、娘さんにとって何物にも代えがたい喜びなのだろう。「明らかにする会」の人たちと手をにぎり言葉を交わす娘さんの、悲しさと喜びを合わせる涙が目に浮かぶ姿にほっとさせられるというか嬉しい気分になる。「明らかにする会」が積み重ねてきた活動と交流の重さや喜びを素直に感じることができる。

部屋の中には炕《カン》と呼ばれるオンドル（床暖房装置）があり、炕の上に絨毯がひかれ布団もたたんで置いてある。炕は、寒い冬にはうってつけの工夫だ。母屋の炕がある暖かい部屋で再会を喜び合い、紙コップに入れたお茶を飲みながら話に花が咲く。李貴明さんのお連れ合いの伍奎支さんも、遠来の友人たちを迎へ嬉しそうだ。李貴明さんと二人で並んでいる写真を撮りたいと言うと、二人仲良く並んで笑顔で写真のモデルになってくれる。

西煙鎮はこの地域の中心であり、街には「商店も多く、地元民のための旅館やこの地域唯一の診療所もある」(注一六)。李貴明さん宅からは、何かの工場なのか高い煙突も見える。宝物のように貴重なのであろう真新しいオートバイを取り巻く若者たちのグループも後で街中で見かけることになる。

李貴明さんの家から見渡す西煙鎮は、遠くに連らなる山脈まで平坦な盆地がずっと広がり、刈り入れの終わった乾燥した畑と集落が平坦な盆地に広がっている。山が多い盂県でこれほどの平地が広がるのは、盂県の行政の中心である南部の盂県城の周辺くらいしか他にはないとのことだ。

久し振りの再会となる一時を過ごしたあと、西煙鎮の広い平坦な台地と遠方に連なる山々を見ながら李貴明さん宅を出て、次の訪問先の趙潤梅さんの娘さん宅に向かう。

(＊1)「中国人『慰安婦』裁判を支援する会」が支援している。第一次＝一九九五年八月七日提訴、第二次＝一九九六年二月二三日提訴。二〇〇五年一一月一八日、最高裁で第一次・第二次とも敗訴確定。

(＊2) 今も続く被害者と家族の苦悩と、被害者に理解がない中国社会の実情があるので、被害者の家族の名前や住所を特定できるような表現は本稿では伏せている。

(＊3) ｗａｍは、アクティブ・ミュージアム「女たちの戦争と平和資料館」の略称で、東京都新宿区西早稲田にある。第六回特別展（中国展）「ある日、日本軍がやってきた—中国・戦場での強かんと慰安所」は、二〇〇八年六月七日から二〇〇九年六月二一日まで開催。

(＊4) 山西省武郷にある八路軍記念館で開催を計画しているパネル展。ｗａｍの中国展を基に内容を大幅に拡充し、山西省・南京・海南島をはじめとする中国およびアジア全域の加害と被害を取り上げ、日本軍による性暴力の全貌を明らかにすることを予定している。

趙潤梅さんの娘さん宅にて

趙潤梅さんは日本軍による性暴力の被害者で、日本国政府に対し謝罪と損害賠償を求めた裁判の原告一〇人のうちの一人だが、この年（二〇〇八年）の一月一八日に亡くなった。八二歳の生涯だ。

趙潤梅さんと同じ性暴力被害者の万愛花さんや、同じ被害者の王改荷さんの娘さんらと「明らかにする会」の一行が趙潤梅さんの娘さん宅を訪ねると、迎えてくれる娘さんが涙を流している。母の悲しみや苦難を心から理解してくれる友人たちの顔を見て涙が溢れるのだろう。中国人の被害者と家族からこのように信頼され心を通わせる関係を築いてきた日本人がいることを、初めてこの地を訪れる私は嬉しく思い、また有難いとも思う。

さっそく、ｗａｍの中国展「ある日、日本軍がやってきた」の資料集の原稿について池田恵理子さん(注一七)が趙潤梅さんの娘さんに説明し、資料集に写真を掲載するため、趙潤梅さんの遺品である靴の中敷二双を借り受けることになる。靴の中敷は、趙潤梅さんら大娘たちが、「家族や大切な人への贈り物にするために、一針一針手で刺し、美しい刺繍をほどこして作(注一八)」るもので、「趙潤梅さんはとびきり手が器用で、色使いの美しいものを……作った(注一八)」とのことだ。「明らかにする会」の人たちは、靴の中敷を大娘たちからこれまでにもたくさん貰っていて、大切な宝物にしている。

近況報告や思い出話が続く炕（オンドル）のある広い部屋に置かれた机の上に、趙潤梅さんの大きな写真二枚とスナップ写真数枚が、それぞれ額に入れ並べられている。趙潤梅さんの写真を前に炕に座り娘さんと言葉をかわす万愛花さんはどんな想いでいるのだろう……。同じ頃に共に母を亡くした王改荷さんの娘さんとも言葉をかわす趙潤梅さんの娘さんは、亡くなってまだ一年にもならない母の無念と喜びを共有できる同郷の友と日本の友人を迎へ、心から喜んでいるのだろう。

母屋の前の中庭には、収穫された山のように大量の黄色いトウモロコシが几帳面に整然と並べられ積み上げられている。趙潤梅さんの几帳面で丁寧な性格が娘さんに受け継がれているようだというのが同行の田巻恵子さんの想いだ。

別の機会に「明らかにする会」の人に、山西省の農村に被害者やその家族を訪ねる理由を不躾に尋ねたことがある。会って顔を見て話をして、お互いに元気でいることを喜び合い、生活の様子を聞き、身体の調子の悪いところがあれば励まし……というような、友人を訪ねるごく普通の訪問や普通の再会が主な目的であることは当たり前として、他に何かするのかという私の質問に対し、川見公子さんの答えは「会うために行くのです」と明快だ。「会うために行くのです」という一言に、川見さんら「明らかにする会」の人たちの想いは凝縮されているのだろう。これだけで十分な答だが、川見さんは次のように少し補足してくれた。「最初は聞き取りや調査です。そして、以前は、みんなで集まって交流し食事し歌を歌ったり……と楽しい会もしたのですが、裁判に負けたあと、病気になったり次々に亡くなって……。お見舞いもありましたね。」。

張先兎さん宅にて

趙潤梅さんの娘さん宅をおいとまし、次は、被害者で裁判原告の張先兎さんを訪ねる。

張先兎さんは、夏の暑い時期は体調がすぐれず横になったままのことも多いとのことだが、涼しくなった晩秋のこの時はひときわお元気のようだ。陽当りのよい南向きの部屋の入口に立って日本と中国の友を迎えてくれる。

張先兎さん宅の広い中庭にも、他の家と同じように黄色いトウモロコシが山積みにされているが、このトウモロコシの山はとりわけ大量だ。向きをそろえきちんと積み上げられたトウモロコシの幾つもの山と、バラバラに積み上げられた山があるのは、まだ作業途中ということなのだろうか。

炕（オンドル）のある暖かい部屋で、山西大学の若い女子学生が編んだ白い襟巻をプレゼントにもらい、それを張先兎さんは首に巻き、これ以上はないというくらいの笑顔でにこにこしている。同様にプレゼントされた襟巻を首に巻く万愛花さんと炕の敷物の上に並んで座り、若い女子学生三名と、もう一人の若い女性、郷村教育促進会の耿欣悦さんの四名に囲まれ記念写真に納まる張先兎さんは、嬉しくてたまらないというようすだ。

若い女子学生三名は山西大学外国語学部日本語学科の四年生で、次の年の夏に卒業を迎えるので、大学院入試や就職試験の勉強で忙しい時期だ。彼女らは、大学二年生の時の三月に「明らかにする会」に同行し山西省の農村に初めて入り、性暴力被害者とその家族に初めて出会ったとのことだ。

万愛花さん（左）と張先兎さん
女子学生が編んでくれた襟巻を首に巻き、笑顔でにこにこしている二人の大娘。

被害者で裁判原告だった楊喜何さんの娘さんが張先兎さん宅に訪ねて来て合流し、楊喜何さんの娘さんも囲んで話に花が咲く。楊喜何さんは、東京地裁に提訴してから一カ月後の一九九八年一一月に病気のため亡くなり、娘さんが母の意志を受け継ぎ裁判の原告になった。最近、この娘さんに孫ができたそうだが、孫ができてむしろいっそう若返ったようだと旧知の友は感じるようだ。晩秋の寒い季節を迎えほとんどの人が黒っぽい服装でいる中で、この日の楊喜何さんの娘さんは一人だけ輝くような白い防寒着を着ていて、ひときわ明るく若やいで見える。

帰りがけに、張先兎さんの部屋の前に皆で並んで記念写真を写す。もちろん張先兎さんと万愛花さんは、女子学生から贈られた白い襟巻を首にまいて記念写真におさまる。張先兎さんは二年前にお連れ合いを亡くしたとのことだが、中国と日本の友人の励ましも得て元気に過ごしているようで、安心できるのかなと感じる。

南二僕さんの娘さん宅にて

南二僕さんは日本軍による性暴力の被害者だが、かつての日本兵の性暴力を発端とする婦人病の悪化による苦痛に耐えれなくなり、文化大革命が激しかった頃の一九六七年に自殺している。このため、南二僕さんに代わり娘の楊秀蓮さんが、日本国政府に対し謝罪と損害賠償を求める裁判の原告になった。

黄土高原の農村に大娘らを訪ねたこの日、張先兎さんと別れたあとは、西煙鎮から南に数キロのところに位置する河東村にある、南二僕さんの娘の楊秀蓮さん宅を訪ねる。その楊秀蓮さん宅の広い庭にも、収穫された黄色いトウモロコシが何箇所かに分けたくさん積み上げられている。木の枠で囲い高く積み上げたトウモロコシ、地面にそのまま放り出した感じのトウモロコシの山などいろいろある。

楊秀蓮さん宅では、高銀娥さんの娘さんとお連れ合いも待っていてくれた。高銀娥さんも性暴力の被害者で裁判原告だが、この年（二〇〇八年）の一月一三日に、石炭暖房が原因の一酸化炭素中毒で、お連れ合いの李正義さんと共に亡くなった。そのとき高銀娥さんは八二歳、李正義さんは九〇歳。体力・気力とも充実していた高銀娥さんの死は突然のことで、日本の友人の誰もが信じることができなかったとのことだ。

高銀娥さんの娘さんには、ｗａｍの中国展と資料集のことや近況などを石田米子さんが説明する。そして、「明らかにする会」の友人たちらと再会を喜び合う。高銀娥さんの娘さんは嬉しそうな表情ももちろん見せるのだが、両親を亡くした悲しみと無念さを心から理解し合える友人との再会に、嬉しさと悲しさの混じる涙を目に浮かべ、さみしそうな表情も見せる。

高銀娥さんの娘さんは、昼食を食べていくようにと周りからさんざん勧められるが、この日は別の用件が重なり昼食の前に帰るということだ。楊秀蓮さん宅の庭先で日本の友人らと別れの言葉と挨拶をかわしたあと、高銀娥さんの娘さんは楊秀蓮さんと手を取り合い暫く話し込む。そして、お連れ合いの運転する、日本の軽四輪トラックにそっくりの小型自動車で楊秀蓮さん宅をあとにする。

さて、南二僕さんの娘の楊秀蓮さん宅で昼食をごちそうになるのが「明らかにする会」訪問団の慣例になっているようだ。料理を作る主役は楊秀蓮さんのお連れ合いの楊建英さんで、肉や野菜などたくさんの食材を厨房に取り揃え、中華料理でおなじみの例の大きな中華鍋でたくさんの種類の料理を作ってくれる。中華鍋の加熱源は電磁（誘導加熱）調理器だ。山西大学の若い女子学生が、楊建英さんの手で料理が次々と作られるのを興味深そうに覗いている。

日干しレンガで作ったカマドが庭の東端にあり、大きな鍋から湯気が立ち上っている。このカマドの熱源はトウモロコシの茎などで、手前側の焚き口から放り込んだ燃料が燃えるのが見える。煤で黒くなった鍋やヤカンを見ることは最近はほとんどないが、庭にカマドがあるここでは、違和感のないあたりまえの風景のように感じる。

そうこうしているうちに食卓にたくさんの料理が並べられ昼食の準備が整い、大人数で少し窮屈だがそれぞれ食卓に付き、楊建英さんと楊秀蓮さんの手作りの料理を楽しむ。たくさんの種類の大量の料理はどれもこれもとても旨い。酒もふるまわれ、料理の旨さがひときわ際立つ。「明らかにする会」の人たちは、楊秀蓮さん宅で食べる食事をことのほか楽しみにしているようだ。

河東村を襲った日本軍

楊秀蓮さん夫妻が住む河東村（＊1）は、盂県西部の中心地である西煙鎮の南方数キロのところにある。その河東村は、日本軍の襲来により甚大な被害を受けた村の一つである。しかし、文献資料は何も残されていない村だと言ってよい。

河東村が受けた被害状況をつかむため、「山西省・明らかにする会」の人たちは何年もかけ何度も何度も黄土高原を訪ね河東村を歩き、いろいろな角度から聞き取りを行ない、何とか河東村の状況を把握できるようになった。とはいえ、今でもまだ不確実な部分をたくさん残しているとのことだ。

こうして、「明らかにする会」の人たちが何年もかけてやっと見えてきたことを、「明らかにする会」の加藤修弘さんは『黄土の村の性暴力』の中で次のように記している（注一九）。

「(一九四〇年八月から華北全土を舞台に展開された八路軍の大攻勢である百団大戦で失なった支配地域の奪回と報復作戦を進める日本軍により）一九四〇年の末、河東村進駐作戦と称する作戦が、西煙鎮周辺の台地一帯に対する支配権を奪還するための布石として実行された。当然その目的は河東村を占拠することだけではなく、その背後にある山上（日本兵はこの山を羊馬山と呼んだ）にトーチカ拠点を建設して長期的支配を確立することにあった。日本軍は東郭湫周辺から大量の農民を徴発して侵攻し、村占拠後直ちに山上のトーチカ建設にとりかかり、陣地完成後は日本軍の分遣隊がそこに常駐することになった。また河東村内にもトーチカを建設させ、それには中国人からなる警備隊……を入れた。

日本軍の侵攻時、河東村の住民は全員村を逃れ周辺の山などに身を隠した。一九三九年の侵攻に際して受けた被害を忘れていなかったからである。しかし日本軍がトーチカ拠点を築きはじめ、その長期支配の態勢が明らかになると、村民たちは生きるために村に戻ってこざるをえなかった。こうして河東村民は日本軍の直接支配の下に入り、原告尹玉林とその姉が、村に戻った直後に家に乱入した日本兵に強姦され、その後もたびたび山上の拠点に拉致されて性暴力を受けつづけるなど、女性に対する性暴力が発生していく。

村が日本軍の永続的な支配下に入らざるをえない以上、村民が日本軍に協力する組織として『維持会』を結成し、その支配を少しでも温和なものにしようとするのも、またやむをえないことであった。維持会とは、都市や農村を占拠した日本軍が、その地の住民に対してまず結成させようとした対日協力組織のことで、傀儡地方政府を発足させるためのステップとして位置づけられた。なお、山西省では商務会と呼ばれることが多かったようで、古老の楊時通は『モウケン、タイサク、ショウムカイ』という発音で今も記憶していた。『盂県第三区商務会』のことに違いない。

河東村維持会は、日本軍の要求により物資調達（それは時に女性の調達も含まれた）を請け負い、それを周辺の村々へ割り当てたり、情報の提供をしたりした。維持会傘下の村を挙げれば次のようである。

山河村、辛庄、小湖村、河底村、東梁、南頭村、西社、烏耳庄、薛梨溝、木來凹。

これらの村々は、毎日一度は八路軍の動向などに関する情報を、羊馬山のトーチカ拠点まで届けることが義務づけられ、その折には卵や野菜などを持参することも要求された。今羊馬山上の拠点跡に登れば、この村々の多くは、眼下に手にとるごとく見ることができる。

……こうして河東村を拠点化した日本軍は、それ以後周辺の村々に対する支配拡大を目指し、屈服しないものには攻撃を加えていく」。

（＊1）前河東村という近隣の小さい村と区別するため后河東村と呼ぶこともある。こんなことも、「明らかにする会」の人たちが何度も何度も聞き取りする中で初めて分かってきたことだ。

河東村を歩く

楊秀蓮さん宅でおいしい昼食をごちそうになったあと、山西省の黄土高原の農村を初めて訪ねる私と他に何名かの人が、川見公子さんの案内で河東村（后河東村）を歩く。

河東村の集落の中心部を東西方向に貫く通りがあり、この通りを東に行くと、日本軍が作らせた道路の跡が今も残っていて羊馬山の山頂に続く。集落から歩くと三〇分程で羊馬山のふもとに着き、そこからさらに三〇分程で山頂に登れるそうだ。集落の中から東方を見ると、通りの先に行く手を遮るように羊馬山が居座っているように見える。この通りを西に行くと、畑の中の楊樹の並木道を経て、盂県西部を南北に伸びる幹線道路に出る。この幹線道路を北に数キロ行くと西煙鎮がある。

河東村の中心の通りといっても舗装も何もない幅数メートルの細い通りで、路面は黄土の砂の大地そのものだ。晩秋の晴れ渡る空と陽光の下で大地は乾ききっている感じで、強い風でも吹けば、路面の乾燥した黄土が一気に舞い上がるだろう。

この通りを挟み河東村の集落がある。日干しレンガで作られた赤土色の住居が建ち並ぶ村のたたずまいは、六十年余前も今と同じような様子であったのだろう。各戸の敷地が広くてゆったりしている上に、ほとんど全ての建屋が背の低い平屋なので、空間と空がとても広いように感じる。

集落の東寄りの方に、中心の通りの北側に面して小学校がある。五メートルくらいの間口の鉄格子の門が通りに面していて、その奥にある小さな校庭には、黄色いトウモロコシが何故か山積みにされている。校庭には花壇が作られているが、この季節には草花は枯れている。

日本軍が駐屯していたとき、この小学校の裏に、楊家院子と呼ばれる民家があり、日本軍の命令を受け近隣の一〇の村から人質のように差し出された女性がそこに監禁され、日本兵に強姦されるなど性暴力を受け続けた。しかし、かつて女性が監禁された民家・楊家院子は今は残っていない。

小学校から西に少し行くと、南に伸びる路地がT字型に連らなる交差点（というほどのものではないが）がある。その南東角に、三メートルくらいの高さに石垣が積み上げられ一段高くなっている一画がある。その西側の石垣は今もしっかりと石組みが維持されているが、北側の石垣は半分くらい崩れている。この南東角の石垣の上に今は民家が建っているが、もともとは、高さ七メートルくらいの砲台が日本軍により作られたところで、「盂県県城の警備隊大隊から派遣された中隊が駐屯していた（注二〇）」。

河東村の集落の中に作られたこの砲台にも駐屯していた警備隊というのは、「日本軍占領地に作られた傀儡政権の持つ軍隊として組織されたもので、各県単位で編成された。傀儡政府の軍隊としては、華北政務委員会直系の治安軍の創設も進められたが、質量ともに広域の治安維持を担うものとしてはとても期待できなかった。むしろ日本軍としては、県単位で組織される警備隊の増強と質向上に大きな期待をもっていたのである（注二〇）」。

楊秀蓮さん宅で高銀娥さんの娘さんに会ったところだが、西煙鎮から数キロ東方の南社村に住んでいた高銀娥さんは、一九四一年の春に南社村を襲った日本軍により河東村に連行され、警備隊が駐屯していたこの砲台に監禁され酷い性暴力を受けた。

警備隊の砲台の西側にあるT字路南西角の民家は、日本軍が住民を追い出して占拠し警備隊の宿舎として使用したところで、今も民家が残っている。警備隊が駐屯していた当時、砲台の西側の石垣には梯子がかけてあり、路地を挟んで西側にある警備隊宿舎にされた民家の東側の門から出入する警備隊員らが、その梯子を使い砲台と行き来していたとのことだ。

かつて警備隊宿舎にされたこの民家に住んでいるおばあさんやおじいさんや小さな子どもらと川見公子さんらが挨拶をかわし、この民家の東側の門の前で何やら話をしている。

河東村の西隣の南頭村に住んでいた南二僕さんは、河東村に駐屯していた日本兵が一九四二年の春に南頭村を襲撃したとき河東村に連行され、この警備隊宿舎内に監禁され、一年六カ月にもわたり性暴力を受け続けた。その後も、東の間を挟み、楊喜何さんの実家の一角に南二僕さんは再度監禁され、さらに二カ月にわたり性暴力を受け続けた。

南二僕さんが監禁された楊喜何さんの実家は、警備隊砲台前の通りを挟んで向かい側の北側の路地を入ったところにあり、維持会が置かれた民家の隣になる。楊喜何さんは既に亡くなっているが、性暴力の被害者で裁判の原告だった。その楊喜何さんの娘さんとは、この日の午前中に張先兎さん宅で会ったところだ。

砲台と警備隊の跡で村の人から話を聞いているとき、村の中心の東西の通りを東から西に向かい青色の三輪自動車が通る。西方の幹線道路に向かうようだ。かつて日本で「オート三輪」と呼ばれた三輪自動車に似

河東村の集落
集落の西の端から東方を見る。集落の中心を貫く路地のその先に羊馬山が見える。

ているが、屋根はなく座席がむき出しになっていて、これに数名の大人が乗っている。

河東村を歩く間にエンジン付きの「車両」に出会うのは、この三輪自動車の他は、野菜（白菜？）を山積みにする青色の荷車を引く小型の耕運機が一台あるだけだ。耕運機を運転してきたやや若い感じの男性は砲台跡の前あたりに荷車を停め、そこで村の人たちに野菜を売りさばくようだ。

砲台から西に少し行き通りの北側に少し入ったところで、南二僕さんが自殺した家の跡を確認する。昔の家は今はなく、建て替えられた新しい家に他の人が住んでいる。新しい家は、赤レンガで修復した土塀で囲まれているので、土塀の外からは屋根の一部しか見えない。

集落の西の端に近い、楊時珍さんの家があったところは今は空地になっていて、この季節は枯れ草が地表にわずかに残っているだけだ。楊時珍さんは一九四一年に自宅で日本兵に何度も強姦・輪姦され、羊馬山の砲台や東郭湫の砲台にも連行され性暴力を受けた。そして数十年の沈黙のあと、他の性暴力被害者と共に裁判の原告となり日本国政府を相手に闘った。しかし、裁判が決着する前の二〇〇二年九月に楊時珍さんは亡くなり、夫が裁判を引き継いでいる。

集落の西の端から西方を見ると、集落の中央を貫く通りがそのまままっすぐ西に伸び、平らな台地が広がり、その先の遠景に、西煙鎮の盆地（台地）を囲う壁のような山脈が広がる。東を見ると、通りの両側に集落の民家が続き、その先をとうせんぼするように羊馬山が立ちはだかっている。

河東村を川見さんに案内してもらったあと楊秀蓮さん宅に戻ると、昼の大宴会がまだ続いているようだ。食卓や机に所狭しと並べられた多種多様の料理はまだまだたくさん山積みのままで、白酒を飲みながら話に花が咲いている。料理の器の上に別の料理の器を重ね友人を歓待する情景に、別の場のなつかしい思い出が私によみがえる。

河東村の古老の楊宝貴さんは張双兵さんと話し込んでいる。一九二七年生まれの楊宝貴さんは、日本軍が河東村に駐屯している頃はまだ十代半ばの少年だが、羊馬山の日本軍砲台で炊事係の仕事をさせられたことがある。また、日本兵の性暴力の被害者にされる女性をロバに乗せ羊馬山の砲台に連れていく役もやらされた。これら日本軍との直接の関わりも含め、戦中戦後の河東村の状況を楊宝貴さんは詳しく証言している。「明らかにする会」の人たちによると、楊宝貴さんは食事のときも料理を食べないでいつもタバコを吸っているそうだが、この時も確かにタバコの煙ばかりを好んで「食べて」いるようだ。八一歳になる今も楊宝貴さんはとても元気そうで、つば付きの黒っぽい帽子と粋な眼鏡がお気に入りのようだ。

多種多様のおいしい料理で歓待してくれた楊秀蓮さん宅の庭に山積みにされている黄色いトウモロコシが、雲一つない青空の陽光に照らされ輝いている。楊秀蓮さんとお連れ合いの楊建英さんの陽気で気さくな人柄を写しているような感じがする。楽しい一時を過ごしたあと、歓待の御礼をすませ小型バスで出発する一行を、楊秀蓮さんと楊建英さんは道路端まで出て二人並んで手を振って見送ってくれる。ジーンズのズボンと上着の下に派手な赤色のシャツを着る楊秀蓮さんはなかなかおしゃれだ。

尹玉林さん宅にて

この日の最後に訪ねる尹玉林さんは、河東村の集落の西のはずれ近くにあった自宅で、日本軍の支配下で一年余にわたり日本兵の性暴力を姉と共に受け続けた被害者だ。また、羊馬山の砲台にも度々連行され、そこでも性暴力を受けた。そして、被害から五十余年を経た後に日本で起こした裁判の原告の一人になった。

尹玉林さん宅は、赤土色のレンガ造りの民家が建ち並ぶ集落の一角にある。尹玉林さん宅を訪ねると、赤レンガで造られた立派な門と外壁の内側にある広い中庭に、収穫された大量の黄色いトウモロコシが他の農家と同じように山積みにされている。「明らかにする会」の人たちは十数年前から何度も何度も黄土高原を訪ねているが、トウモロコシの収穫期に訪ねるのは初めてで、収穫されたばかりのトウモロコシの山をこれまで見たことがないとのことだが、黄色いトウモロコシの山は、晩秋の黄土高原の農村の各家庭で見ることができる風物詩であるようだ。

尹玉林さん宅の中庭の北側に、切り立つ崖が壁のようになっている小山があり、小山の崖の中に窰洞《ヤオトン》の住居が造られている。窰洞の部屋は二室あり、向かって左側の西側の部屋には出入口と窓、東側の部屋には窓だけが備え付けられている。この窰洞の西側の部屋の出入口から窰洞の中に入る。

窰洞の西側の部屋は土間で、幅が三メートル半、奥行き七メートル、高さ三メートル半くらいだ。この部屋は台所兼用であり、カマドを備え付ける大きな調理台に大きな鍋など調理器具が並び、食卓と椅子も備えられている。

この部屋の奥の方に、東側の部屋につながる高さ二メートル・幅一メートルくらいの通路があり、この通路を通り抜けると、西側の部屋と同じくらいの大きさの東側の部屋がある。南側の窓は幅も高さも一メートル半くらいで、窓から陽光が入り窰洞の中は明るい。

この東側の部屋の北側半分は土間だが、南側半分は中国で炕《カン》と呼ばれるオンドルになっていて、床の高さが七〇センチくらいある。その炕の手前端にカマドが備え付けられ、カマドの熱で炕の床下を直接暖めるようになっている。カマドには大きな鍋が置かれている。この東側の部屋の奥にもう一部屋あるが、そこは暗くて普段の生活には使われていないようだ。

オンドル式床暖房の炕《カン》は居間兼ベッドとして利用される。そして尹玉林さんは、炕のある東側の部屋で「明らかにする会」の一行を待っていてくれた。

庭のトウモロコシを写真に写したりなどで少し遅れて東側の部屋に私が入ると、炕の居間で万愛花さんと石田米子さんにはさまれ、尹玉林さんがあれこれ話し込んでいる。身体のどこかが悪いということは特にはないようだが、前回の訪問時より元気がないように見えるとのことで、万愛花さんからいろいろと励まされている。石田さんと尹玉林さんはしっかりと手を握り合い、「明らかにする会」の会報『出口气』を見ながら石田さんが記載内容を説明している。ときどき見せる尹玉林さんの笑顔は本当に素敵だ。信頼し心を許しあえる友人との再会と語らいを心から喜んでいるのだろう。

山西大学の若い三名の女子学生から手編みの襟巻を贈られた尹玉林さんは、その長い襟巻を首に巻き、女子学生に囲まれて記念写真におさまる。写真を写されるとき尹玉林さんは緊張するようで、なかなか笑顔にならないが、手編みの襟巻に込められた若い女子学生の心遣いを喜んでいることだろう。「明らかにする会」の人たちが持ってきた、食品や衣料品が入っている土産袋も尹玉林さんに渡される。

崖や斜面を利用し横穴を掘り抜いて住居にする、黄土高原地方に特有の住居様式である窰洞は夏は涼しく冬は暖かいということだ。この冬も、暖かい窰洞で尹玉林さんが元気に過ごせることを願う。

黄土高原の農村から太原へ戻る

太陽の影がすっかり長くなった夕刻の午後五時過ぎに尹玉林さん宅をおいとまし、この日の黄土高原の農村訪問を終える。そして、盂県在住の李貴明さんと張双兵さんもいっしょに太原に向かう。二人は、翌日に太原で予定している山西省人民対外友好協会との話し合いに、盂県在住の現地協力者として出席する予定だ。

この日は雲一つない秋晴れの一日だった。そして、こんな秋晴れの日がこの時期の黄土高原ではくる日もくる日も続くのだろうと思う。太原に向かう途中で日が暮れ、あたりはすっかり暗くなる。

黄土高原の農村を訪ねたこの日の夜は、太原のホテル・新紀元大酒店の食堂に、夕食と懇親会を兼ねて集まる。中国側の出席者は、裁判原告の万愛花さん、盂県西煙鎮在住の李貴明さん、盂県羊泉村在住の張双兵さん、元山西省外事弁公室処長の何清さん、山西大学の趙金貴さんと李書霞さんらだ。ほとんどの人は、それぞれに長い付き合いがある気心知れた人たちなので堅苦しい「行事」は必要なく、おいしい料理を食べ話を楽しみながらゆったりと過ごす。

山西省人民対外友好協会との話し合い

「山西省・明らかにする会」は、他の三団体や個人参加者と共に「日本軍性暴力パネル展（武郷展）実行委員会」を組織し、「武郷展実行委員会」は山西省人民対外友好協会の田亦軍《でんえきぐん》副会長らの協力を得て、「日本軍性暴力パネル展」を山西省で開催するため努力を重ねている。そして、山西省武郷にある八路軍記念館（注五）がパネル展の会場として候補にあげられているが、解決しなければならない課題がいろいろあり、開催を正式に決定することができない情況が続いている。

この情況を打開することが今回の訪中目的の一つであり、黄土高原の農村を訪ねた翌日の一一月三日の午前中に、「山西省・明らかにする会」の今回の訪中団一行は「武郷展実行委員会」として山西省人民対外友好協会を訪ねた。武郷の八路軍記念館での「日本軍性暴力パネル展」の実現に向け事態を進展させるため対外友好協会の田亦軍副会長らと話し合うことが訪問の目的だ。

そして、「武郷展実行委員会」との話し合いの中で田亦軍副会長は、「『パネル展は非常に意義あるものだと最初から思ってきた。中国のみならず、アジア、世界の被害者、被害国の平和と未来への願望を表しており、中国の戦争を経験しない高度成長時代の若者の教育にも意義あることだ』と、このパネル展の意義への固い確信を語り（注二一）」、八路軍紀念館での「日本軍性暴力パネル展」の実現のため全力を挙げると約束してくれた。

万愛花さん宅を訪ねる

山西省人民対外友好協会での話し合いを終えた「明らかにする会」の一行のうち六名は、この日（一一月三日）の午後は万愛花さん宅を訪ねた。その様子を『出口气』四八号に田巻恵子さんが簡単だが次のように報告している。

「……（対外友好協会を訪ねたあと）いったんホテルにもどり、昼食をとってから、午後はタクシーに分乗して、万愛花さんの家に向かいました。毛沢東・周恩来たちの中国革命の指導者の大きなポスター（その周りに電飾ぴかぴか）のある部屋の大きなベットのうえで、お茶とお菓子をいただきながら歓談の時を過ごし……」。

この日の午後、石田米子さんと池田恵理子さんは、趙金貴さんと八路軍記念館の魏雨冰さんと共にホテルの部屋に缶詰めになり、「武郷展」展示パネルの制作を進めた。その結果、万愛花さんを夕食にまた呼び出すことになってしまったとのことだ。

魏雨冰さんは、「日本軍性暴力パネル展」のパネル制作を担当する八路軍記念館の若い（二五歳！）職員で、一一月二日の夜に太原のホテルに来て、武郷展実行委員会共同代表としての池田恵理子さん・石田米子さんと通訳を引き受ける趙金貴さんらと、寝る間も惜しんでパネル制作作業を進めている。この作業は、石田さんが太原を発つ四日の昼まで、ほとんど休み無しに続けられる予定だ。

太原散策

以上に記したように、今回の訪中団一行は一一月三日は午前中に山西省人民対外友好協会と話し合いを行ない、午後は万愛花さん宅を訪ねるなどしている。私はこれらに同席せず、この日は終日、初めて訪ねた太原を散策した。私の太原散策には、黄土高原の農村を前日いっしょに訪ねた山西大学日本語学科学生のうち張娟さんと張睿佳さんが、通訳と案内役を兼ねて同行してくれた。しかし、この太原散策は、「明らかにする会」の山西省訪問の目的とは関わりがないので、別の機会があれば報告するということにしたい。

解散、それぞれの途へ

八路軍紀念館での「日本軍性暴力パネル展」の開催計画が遅れたため、「明らかにする会」の今回の山西省訪問は例年の八月から順々に遅れ一一月の訪問になった。そんなこともあって、一一月一日深夜に太原に集まり一一月四日朝には太原で解散というあわただしい短い訪問になり、太原で過ごす実質二日目の一一月三日の夜にはもう、今回の訪中の最後の夕食会の席を関係者で設けることになる。

中国側からは、お世話になった常連の関係者・支援者と万愛花さんの他、八路軍記念館の魏雨冰さんも出席する。そして、移動の時間が煩わしいので、今回の訪中の最後の夕食会も、宿泊しているホテル・新紀元大酒店の食堂で行なう。仲間内の集いなので特別な気づかいは不要で、多種多様のおいしい料理をたくさん食べ、それぞれ好みの酒を楽しみ、和気あいあいと過ごす。

一一月四日の朝、北京経由で東京に帰る三名と長春に向かう一名の計四名が太原のホテルを七時に出発する。太原に残留する三名のうち加藤修弘さんと佐藤嘉江子さんは、西煙鎮の北方約三〇キロに位置する盂県西北部の農村・進圭社で聞き取り調査をするため、北京経由組に続いて朝のうちにホテルを出発する。進圭社での調査には、張双兵さんと李書霞さんと、四輪駆動車の運転手役で王さんが同行する。

石田米子さんと趙金貴さんと魏雨冰さんはホテルの部屋にこの日も缶詰めになり、午前中ずっとパネル制作作業に没頭する。この間、私は太原市内を散策し、書店で地図や本を買い込むなどした。

そして、パネル制作作業の予定分をなんとか決着させた石田さんと共に、午後二時半太原発の中国東方航空MU五六九〇便で上海に向けて飛び立った。太原では寝る間も惜しんで作業を続けた石田さんは、この日の晩は上海でゆっくりできるだろう。日本へ帰るのは翌日の午後になる。

山西省・黄土高原を訪ねて

二〇〇八年一一月の私にとって初めての山西省訪問では、黄土高原の農村を訪ねるのは一日だけだったが、多くのことを見聞し体験する得難い貴重な一日になった。そして一番嬉しかったのは、大娘と大娘の娘さんらと「明らかにする会」の人たちとの交流の場に同席できたことだ。

万愛花さんは本当に元気そうで、日本の友人たちと過ごす時間が楽しくてしかたがないという様子でいた。張先兎さんは、山西大学の若い女子学生が編んでくれた白い襟巻を首に巻きいつもニコニコしていて、心から喜んでいることが分かった。尹玉林さんは、カメラを意識するときは少し緊張するように見えるが、緊張の合い間に本当に嬉しそうな笑顔を見せてくれた。

大娘の娘さんたちとの交流も忘れがたい情景だ。とりわけ、前年の一二月からこの年の一月に相次いで亡くなった三人の大娘の娘さんの、悲しみの中で気丈に振舞う姿と涙に心をひかれた。日本の友人たちと会い手をとり合いながら、悲しみと嬉しさの混じる涙を流せる友情と信頼関係に、「明らかにする会」の人たちがこれまで続けてきたことの重みを教えられる。日本の友人たちの心遣いは大娘と娘さんたちにとって心温まる喜びであり、遠い日本から会いに来てくれる友人の心が何物にも代えがたい支えになっているのだろう。

このような心温まる交流を嬉しく思う一方で、黄土の村を訪問したあと考えさせられることや思うことが幾つかある。

一つは、被害者とその家族や親族が今もなお苦悩させられる中国社会の矛盾や理不尽さだ。大娘たちが、「自らを苦しめてきた恥と自責の意識を乗り越えて自らの尊厳を回復しようと立ち上がり、そのために生きはじめた(注二二)」のは、五〇年におよぶ沈黙を経て人生の晩年を迎えた後のことだ。しかも、声を上げた被害者は氷山のほんの一角に過ぎない。そして、声を上げた大娘の娘さんら家族の多くが、大娘の被害を今なお隠して暮らさなければならない現実がある。

中国の人々や社会の被害者に対する誤った認識や偏見、「中国のマスコミのプライバシー無視、都市の人間・知識人・幹部が農村の人に対して持つ『権力』を想像してほしい」という石田米子さんは次のように指摘している。「(『明らかにする会』が支援している)皆さんは、『性暴力被害者とその家族』です。彼女たちが戦後数十年もカミングアウトできなかったのは、彼女たちを包囲し続け、それを自らの心にまで取り込んでしまった意識があったからで、自ら恥じるべき咎は何もないにもかかわらず、彼女たちや子や孫までも、それを知られてもかまわない社会ではないからです」。

被害者をとりまく中国社会のこのような無理解と理不尽さ（＊1）、被害者と家族の苦悩、加害・侵略責任に向き合わず反省もせず理不尽な状況を解決する努力をしない非常識な日本、被害者を今なお苦しめるこのような社会のありように怒りを感じる。

もう一つは、黄土の村を訪ねるのが遅かったという思いだ。もう少し早く、もう一年早く訪ねていれば、この一年以内に相次いで亡くなった三人の大娘に会えたかと思うと残念でならない。「明らかにする会」の会報・『出口气』四四号（二〇〇八年二月二三日発行）は三人の大娘の追悼特集になっている。たくさんの人からそこに寄せられた追悼文を読みながら、「自らの尊厳を回復しようと立ち上がり、そのために生き（注二二）」た大娘に会っておきたかったと思う。

そしてここでは、追悼文ではなく、『出口气』四四号に掲載された「三人の大娘の被害について（原告紹介より）」を引用しておきたい。（注二三）この事実に、一人でも多くの日本人が真摯に向き合ってほしいと思う。

王改荷さん　一九一九年生（被害地：侯党村—河東砲台）

数え一二歳で結婚し侯党村に住んでいた。一九四二年の春ころ、抗日村長だった夫が日本軍に捕まり、拷問のあと村人の前で見せしめに殺された。「抗日婦女救国会」の活動をしていた王改荷さんも、その時河東砲台に連行され、二十数日間監禁された。家財を売り払って家族が現金を作り救出されたときは、連日の輪姦と拷問で大怪我を負い死んだようになっていた。二年の間働けず、今も精神的な傷痕とたくさんの病気に苦しんでいる。「夫は、私のわずか十数メートル先で銃殺されたのです……連行されて日本兵は『共産党員は誰だ』と私に迫り、答えないと銃の台尻で殴り、軍靴で足や腹を蹴りました。……連日、日本兵の強姦は続きました。痛みと恥ずかしさで、……頭がおかしくならないはずがありません」

（二〇〇七年一二月七日逝去、八八歳）

高銀娥さん　一九二五年生（被害地：南社―河東砲台）

一九四一年旧暦四月四日、河東村の日本軍と警備隊が南社を襲撃した南社惨案（虐殺事件）の際、姑や村人三〇～五〇人と一緒に河東村の警備隊の砲台に連行された。十数日間監禁され、日本兵に連日輪姦されるという被害を受けた。家族が身代金を払い、姑とともに解放された。救出後も腹部の痛みが続き月経不順となるが、家の金を使い果たしてしまったために、薬を買うことも出来ず治療を受けられなかった。子供ができないために夫や姑に辛くあたられ離婚を余儀なくされた。再婚したが子供はできず、現在は三番目の夫と暮らしている。

（二〇〇八年一月一三日逝去、八二歳）

趙潤梅さん　一九二五年生（被害地：西煙鎮―河東砲台）

一九四一年旧暦四月二日早朝、河東村の日本軍と警備隊が西煙村を襲撃した西煙惨案（虐殺事件）の際に、自宅で二人の日本兵に強姦され、河東砲台に連行される。その時、趙潤梅さんをかばおうとして養父母は重傷を負い、一年後に相次いで亡くなった。砲台の窰洞に監禁され、連日十数人に輪姦された。四十数日後、身代金を払って解放されるが、救出後も半年間は寝たきりとなった。その後結婚したが子供が出来ず離婚を余儀なくされた。再婚するも三〇代で生理が止まり、子どもを産めない身体になって養女をもらう。身体ばかりでなく、重度の精神的症状にも苦しむ。「強姦されたことは一生忘れられません。辛かったのは下腹部の痛みが止まらないこと、なによりも養父母が私のために殺されたことを一番辛く思っています」

（二〇〇八年一月一八日逝去、八二歳）

（＊1）中国社会の無理解や理不尽さは日本社会でも同様だ。石田米子さんは次のように指摘する。「日本社会でも元『慰安婦』は一人しか名乗り出ていませんし、いまなお、強姦の被害者のほとんどがセカンドレイプというべき社会の目にさらされるがために名乗り出られない。社会問題であると同時に、私たちみんなの性暴力というものに対する意識が問われていると、私はいつも思っています」。

（注一）内海愛子・石田米子・加藤修弘編『ある日本兵の二つの戦場―近藤一の終わらない戦争』社会評論社、二〇〇五年
（注二）近藤一・宮城道良著『最前線兵士が見た「中国戦線・沖縄戦の実相」―加害兵士にさせられた下級兵士』学習の友社、二〇一一年
（注三）青木茂著『日本軍兵士・近藤一―忘れえぬ戦争を生きる』風媒社、二〇〇六年
（注四）石田米子・内田知行編『黄土の村の性暴力―大娘《ダーニャン》たちの戦争は終わらない』創土社、二〇〇四年
（注五）魏国英主編『八路軍記念館』山西人民出版社（中国）、二〇〇六年
（注六）坪川宏子・大森典子編著『司法が認定した日本軍「慰安婦」―被害・加害事実は消せない！』かもがわ出版、

二〇一一年
（注七）『黄土の村の性暴力』（注四）一七頁
（注八）石田米子・内田知行主編、趙金貴訳『発生在黄土村庄里的日軍性暴力―大娘們的戦争尚未結束』社会科学文献出版社（中国）、二〇〇八年
（注九）『黄土の村の性暴力』（注四）一二七頁
（注一〇）『黄土の村の性暴力』（注四）一二六頁
（注一一）『黄土の村の性暴力』（注四）一八六頁
（注一二）大森典子著『歴史の事実と向き合って―中国人「慰安婦」被害者とともに』新日本出版社、二〇〇八年
（注一三）『歴史の事実と向き合って』（注一二）二八頁
（注一四）張双兵著『炮楼里的女人―山西日軍性奴隷調査実録』江蘇人民出版社（中国）、二〇一一年
（注一五）中国人戦争被害賠償請求事件弁護団編『砂上の障壁―中国人戦後補償裁判10年の軌跡』日本評論社、二〇〇五年
（注一六）『黄土の村の性暴力』（注四）一二七頁
（注一七）wam「女たちの戦争と平和資料館」運営委員長・武郷展実行委員会共同代表
（注一八）wam中国展プロジェクトチーム制作『ある日、日本軍がやってきた―中国・戦場での強かんと慰安所』wam、二〇〇八年、五三頁
（注一九）『黄土の村の性暴力』（注四）一四四頁
（注二〇）『黄土の村の性暴力』（注四）一六〇頁
（注二一）「山西省・明らかにする会」の会報『出口气』四八号、石田米子さんの報告
（注二二）『黄土の村の性暴力』（注四）六頁
（注二三）逝去日と逝去時の年齢は青木が追記。また、読点を一部変更した。

補足編2　山西省再訪　早春の黄土高原を訪ねる

再び山西省の黄土高原へ

二〇〇九年三月一九日の午後三時に、北京空港行きの中国国際航空ＣＡ九二六便で成田空港を飛び立つ。「山西省・明らかにする会」（＊1）の加藤修弘さんら四名に同行させてもらい、北京経由で、この日の夜遅くに山西省の太原に到着する予定だ。

「山西省・明らかにする会」の人たちは、毎年二回、早春の三月頃と夏の八月頃に山西省の黄土高原を訪ねるのを恒例にしている。黄土高原の農村に入り、日本軍による性暴力の被害者である大娘《ダーニャン》（＊2）とその家族らに会うのが黄土高原を訪ねる目的だ。何十回目かの訪問になる今回も「明らかにする会」の人たちの心はいつもと同じだが、この三月の訪問では、山西省武郷にある八路軍記念館で開催することを計画している「日本軍性暴力パネル展」の開催に合意し、開催契約書に調印・署名を取り交わすことも目的の一つとなる。

私は、「明らかにする会」の山西省訪問に同行させてもらい二〇〇八年一一月に初めて山西省を訪ね、性暴力被害者の大娘やその家族らと「明らかにする会」の人たちの心の通い合う交流の場に同席することができた。それから四カ月後の今回が、私にとって二回目の山西省訪問になる。初めての訪問では初対面の人ばかりだったが、二度目の今回は大娘らとの再会を楽しみにしている。

元日本軍兵士で主に山西省で従軍した近藤一(注一)(注二)(注三)さんからは、山西省の大娘らと「明らかにする会」の人たちにくれぐれもよろしく伝えてほしいと、この日の早朝にも連絡を受けている。

（＊1）「山西省における日本軍性暴力の実態を明らかにし、大娘《ダーニャン》たちと共に歩む会」の略称。本稿では「明らかにする会」とも略称する。

（＊2）山西省の農村の人たちが親愛の情を込めて高齢の女性を「おばあちゃん」と呼ぶときの「おばあちゃん」に相当する。

太原・新世紀大酒店にて

成田出発から三時間半後になる中国時間の午後五時半に北京空港に到着し、午後八時二〇分発の中国国際航空の国内線に乗り換え、午後九時二〇分に山西省の太原空港に到着する。太原空港では、山西大学副教授の趙金貴さんが出迎えてくれ、二台の車に分乗して太原市街に向かい、太原市内にあるホテル・新紀元大酒店に入る。

この日に太原に集合する予定の他の人たちは既にホテルに到着していて、成田出発組の私たち五名の到着で全員がそろう。中国側は、趙金貴さんの他に、性暴力被害者の調査と支援を続けている山西省盂県在住の張双兵さんと李貴明さん、日本側は、「明らかにする会」代表の石田米子さんら九名だ。

午後一一時頃から、趙金貴さんらに加わってもらい打合せが始まる。武郷の八路軍記念館(注四)で開催する「日本軍性暴力パネル展」・武郷展の開催要領に対する最終交渉・調整と契約書の調印・署名が次の日に行なわれるので、その事前の打合せが主な話題だ。

打合せの最初に、武郷展実行委員会の共同代表の一人である石田米子さんが、山西省人民対外友好協会の田亦軍《でんえきぐん》副会長と山西大学の趙金貴副教授が奔走してくれたおかげでパネル展を開催できることになったと二人の活躍を紹介し、二人に感謝していると話す。ともあれ、「パネル展」の開催自体は中国側関係者の尽力により決着していて契約書案もほぼ固まっているので、懸念事項は、開幕日をいつにするのかという点と、七五枚の展示パネルの制作が間に合うのか、間に合わせるために制作をどう進めるのかというあたりだ。

開幕日について八路軍記念館の魏国英館長は、四月下旬に開幕し開幕式典を盛大に行ない五月一日からの連休を迎えたいと考えている。また、解説文や写真や図表などパネルの原稿は日本側実行委員会で全てを準備し、パネル本体の製作は八路軍記念館側の担当になる。

相談の結果、展示パネル制作が日程的に厳しいことと日本側関係者の都合から、五月五日開幕というような案も提案しようということになる。

日本軍性暴力パネル展・武郷展の調印

三月二〇日は、日本の武郷展実行委員会と長治市武郷県の八路軍記念館(注四)の間で、「日本軍性暴力パネル展」・武郷展の開催について最終調整が行なわれる。そして、開催要領の細部まで含め合意できれば、調印・署名と進む予定だ。

武郷展では、中国以外のアジア各国も含めた日本軍性暴力に関わる幅広い分野が展示対象になるが、八路軍記念館がある山西省の地元の盂県における性暴力被害が重要な位置を占めるのは当然のことだ。その山西省盂県における日本軍性暴力の実態について本稿では詳しくは触れないが、『黄土の村の性暴力』(注五)など本稿の末尾に紹介する書籍(注六〜一〇)を参照することをお薦めする。

さて、両者の打合せは、太原市内にある山西省人民対外友好協会の大きな会議室で午前一〇時三〇分に始まる。打合せには、日本の武郷展実行委員会から共同代表の石田米子さんと池田恵理子さんら九名と、実行委員会を支援している張双兵さん・李貴明さん・趙金貴さん・何清さん(山西省人民政府外事弁公室元処長)が、武郷の八路軍記念館から魏国英館長・李国偉副館長・魏雨冰図片設計士が出席し、机を挟んで両者が向き合い席に着く。山西省人民対外友好協会と八路軍記念館の尽力によりパネル展の開催自体は決着しているので、この日の打合せの目的は、パネルの内容や開催要領の細部の詰めだ。

会議の冒頭で石田米子さんが、パネル展の開催を実現させた八路軍記念館と山西省人民対外友好協会の尽力と苦労に対し御礼を述べる。このような展示会を中国で実現させるには大変な難関を越えねばならないことを理解している石田さんは、中国側関係者の尽力に心から感謝し御礼の言葉を伝えているのだろう。

このあたりの事情を、帰国後の報告で石田さんは次のように記している。「……八路軍記念館と終始実現の具体的道筋を追及して下さった省外弁〔山西省外事弁公室〕及び趙金貴山西大学副教授などの中国側のみなさんの、このパネル展の意義へのゆるがない確信とねばりづよい努力によって、ついに実現にこぎつけました。八路軍紀念館という中国の国家的教育基地で、〔中国〕政府が消極的な『慰安婦』を含む性暴力被害、それもアジア全域での被害と闘いを内容とするパネル展をやるからには、ここに発生する問題を自ら引き受ける明確な意思なくしてはこれを推進することはできなかったでしょう……」。

開催決定にこぎつけた中国側の尽力に対し御礼を述べたあと、予め渡してある改訂版の契約書（協議書）案について、改訂前の契約書案からの変更点を中心に石田さんが丁寧に説明する。契約書案には、被害女性の権利やプライバシーを守る条項もきちんと織り込まれている。そして、開幕日について石田さんは、パネル原稿の相当量の修正とパネル製作に時間が必要なことと、開幕式典に出席すべき関係者の都合から五月五日開幕を提案する。そのあと、パネルの内容も含めて議論が続く。

八路軍記念館の魏国英館長が、パネル展を通して歴史を正しく認識することの意義を認めた上で、これまでの中日友好関係に悪影響を及ぼさないよう頭を悩ましたとしてこだわるのは展示パネルの内容で、一つは「台湾」の表記に関わる問題だ。これは、「……女性国際戦犯法廷に〔注一二〜一四〕『台湾』として参加した原告・検事団の起訴状内容を中心とするパネル名をどうするか〔という問題〕で、……議論の結果『台湾エリア（中国語では台湾地区）』〔と表記すること〕になった……〔注一二〕」。この問題で対応を誤れば、パネル展の開催自体への影響や主催者の責任問題などが大変なことになるのだろう。魏館長は「台湾地区」という表記で同意したが、活字の大きさを「中国」より小さくするというところまでこだわった。

魏館長がこだわる他の一つは、八路軍のリーダーの名前を「年表」から外すことだ。これについても日本の実行委員会は、リーダー名を外すことで合意した。以下は「部外者」の私の勝手な想像だが、上級官庁や他の機関に対し八路軍記念館は遠慮すべきであり目立ってはならないので、今回のパネル展で八路軍のリーダー名を強調することは記念館にとって望ましくないと魏館長は考えたのではないかと思う。

これらの他に、「日清戦争」などの固有名詞は中国の表記とすることで決着する。

このような議論を経て、以下のような内容で合意することができた。「日本軍性暴力パネル展」（＊1）を、武郷展実行委員会・長治市対外友好協会（＊2）・八路軍記念館の三者の共催で開催する。開催場所は山西省武郷にある八路軍記念館で、開催期間は二〇〇九年五月五日の開幕から一年間とする。展示パネルの原稿は日本側で作成し、四月五日までに完成させる。パネル本体は八路軍記念館が作製する。

一二時一〇分過ぎから契約書の署名に移る。署名するのは、八路軍記念館の魏国英館長と武郷展実行委員会共同代表の石田米子さんと池田恵理子さんの三名で、会議室正面の机に並んで座り何通かの契約書にそれぞれ署名する。

「山西省武郷の八路軍紀念館で『日本軍性暴力パネル展』を開催することを模索し始めたのは一昨年春、約2年の紆余曲折の後（注一二）」ようやく開催にこぎつけ、開催契約書に調印・署名する日を迎え関係者の喜びはひとしおであろう。署名し契約書を交換する三名にたくさんのカメラが向けられる。

「日本軍性暴力パネル展」開催の正式決定を祝い、この日は、山西省人民対外友好協会の田亦軍副会長の招待で宴席が設けられる。パネル展実現のためあれこれ手を尽くしてきた田亦軍副会長にとってもたいへん嬉しい日になったことだろう。

「日本軍性暴力パネル展」・武郷展の開催契約書に署名を終えたあと、八路軍記念館のバスで太原市内の食堂・山西黄河京都大酒店に移動し、山西省人民対外友好協会・八路軍記念館・武郷展実行委員会の関係者、「明らかにする会」の支援者らが一同に会する。そして、パネル展開催決定を祝い、嬉しい宴席のひとときを共に過ごす。おいしい料理に旨い酒で至福の宴をそれぞれ楽しむ。

（＊1）中国語の正式名称は「二戦時期日本軍性暴力図片展」

（＊2）八路軍記念館の所在地である武郷県は長治市に属する。

万愛花さん宅へ

山西省人民対外友好協会の招待による宴席のあと、「山西省・明らかにする会」の一行と中国側支援者の張双兵さん・李貴明さん・何清さん・趙金貴さんと八路軍記念館の魏雨冰さんは、万愛花さんを自宅に訪ねる。

万愛花さんは病気で入院し、退院してからまだ間もないということで「明らかにする会」の人たちは万さんの体調を心配していたが、家族と共に自宅で迎えてくれる万愛花さんは以前と同じようにとても元気なようすなので安心することができた。万さんの話では、肺炎で二〇日間くらい入院したが、今はすっかり回復し元気になっているとのことだ。

二〇〇八年一一月に私は初めて山西省を訪ね万愛花さんと会ったが、その時の写真をお土産として渡すと、写真をしげしげと見つめ万さんはとても喜んでくれる。そして、裁判で訴えた問題が解決しない限り落ち着くことはできないなどと万愛花さんは話す。

万さん宅の居間の壁には、若い頃の毛沢東の大きな写真が掲げてある。その居間でそれぞれが積もる話をしているうちに、あっという間に時間が過ぎ、帰りの時刻になる。いとまを告げる客人それぞれに万さんはお菓子をお土産に持たせてくれる。

白家庄炭鉱

太原で過ごす実質二日目の三月二一日は、二つの組に分かれて行動する。その一つは日本軍性暴力パネル展・武郷展のパネル原稿を作成する組で、「明らかにする会」の石田米子さん・池田恵理子さん・加藤修弘さんと八路軍記念館の魏雨冰さん、そして通訳担当を兼ねる山西大学の趙金貴さんの五名だ。この五名は、前の日に万愛花さんを訪ねたあとホテルに戻ってからは、寝る間も惜しんでパネル原稿作成作業に没頭していて、この日もパネル原稿作成に終日専念する。

もう一つは白家庄炭鉱（注一五）を訪ねる組で、川見公子さんら日本人六名と李貴明さん・張双兵さん・何清さんに加え、山西大学教員の李書霞さんと山西大学四年生の張娟さんも参加する。

白家庄炭鉱を訪ねる組は、太原市街地の中心部にあるホテルを八時一五分頃に小型バスで出発する。この日は、太原市西部の万柏林区に位置する白家庄炭鉱と万人坑を訪ねる予定だが、日本の支配下に置かれた白家庄炭鉱で働いていた人と、父親が白家庄炭鉱で働いていたという人の二名から話を聞かせてもらえることになっている。

この日の白家庄訪問を手配してくれた何清さんによると、白家庄炭鉱での労働や万人坑は酷い情況だったようだ。白家庄に向かうバスの中で何清さんが簡単に説明してくれたことを、とりあえず以下にまとめておこう。

白家庄炭鉱は一九三三年に閻錫山が開発したが、それを一九三八年に日本が奪い取った後は日本が管理した。炭鉱がある白家庄には百名余の日本兵が駐屯し、十軒房と呼ばれる石造りのヤオトンがある山の上に日本軍の砲台が作られた。その日本軍の砲台は今は壊れているが、それでも半分くらいは原型が残っている。その下にある閻錫山軍の砲台は当時の状態のまま残っている。

白家庄炭鉱で働く労働者に給料の代わりにアヘンを渡すことも行なわれ、アヘン欲しさに仕事をやめることができないようにされ炭鉱から抜け出れない労働者もいた。そして、日本の支配下に置かれた白家庄炭鉱で中国人は過酷な労働を強いられ、事故や病気でたくさんの人が死亡した。

事故や病気で労働者が死ぬと、高家河村にある深い谷に投げ捨てられ、人捨て場としての万人坑が形成された。万人坑に捨てられた遺体に狼やカラスが群らがる様子や散乱している遺骨が谷の周囲から直接見え、住民は万人坑の辺りを恐れた。

白家庄炭鉱労働者・馬成棟さんの証言

九時過ぎに、太原市万柏林区西山工務局白家庄の育英小区（団地）に到着する。幹線道路に面して育英小区の入口があり、入口から小区内に入ると、六階建てくらいのアパートがたくさん並んでいる。これから話を聞かせてくれる元白家庄炭鉱労働者の馬成棟さんの住まいは、小区の入口に近いところにある六階建てのアパートの一階にある。

団地内の通路脇に小型バスを停め馬成棟さん宅を訪ねると、馬成棟さんと馬さんの家族と、父が白家庄炭鉱（注一五）の労働者だったという趙春生さんが迎えてくれる。

馬成棟さん宅の一二畳くらいの広さの居間に入り、あいさつもそこそこに馬さんの話をさっそく聞かせてもらうことにする。馬さんは八〇歳になるが、やや小太りで血色も良くとても元気そうだ。話す言葉にも力強さがあり、まだまだ十分に若いという感じだ。居間の椅子に座り馬さんは話を始める。

馬成棟さん（手前）と趙春生さん（奥）

11 歳の時から童工として白家庄炭鉱で働いたと証言する馬成棟さん。

私（馬成棟さん）は、一九二八年六月に河北省石家庄の近くの村で生まれた河北省人だ。一九三七年に日本軍が中国に攻め入って来たが、その翌年の一九三八年に両親と兄と共に白家庄に移住し、炭鉱で働き始めた。それからずっと白家庄に住んでいる。

父はもともと石工の仕事をしていた人で、白家庄炭鉱でも父と兄は石工として働き、炭鉱内の整備建設に関わる仕事をしていた。

一一歳（かぞえ）の私も一九三八年から童工として炭鉱で働いた。私の最初の仕事はコンクリートを混ぜることだ。日本人一人と中国人一人が現場の監督者で、中国人は日本人を

「ショウトウシャン（小道生）」と呼んでいた。当時一一歳だった私は、現場に必要ないと「ショウトウシャン」から言われ頭をたたかれたことがある。

馬さんはこんなふうに話し始める。地元の趙春生さんも、馬さんらを紹介してくれた何清さんも真剣な表情で馬成棟さんの話に聞き入っている。張双兵さんは小型のデジタルカメラで写真を撮っている。

それから、ひととおり馬さんの話を聞いたあと、いろいろな質問にも答えてもらう。それらの質問への受け答えも含めて馬さんの話を整理すると、白家庄炭鉱の情況と馬さんや家族のようすは次のようになる。

馬さんの家族は、炭鉱がある白家庄の隣村に部屋を借りて住み、五里から六里（約三キロ）の道を歩いて炭鉱に通った。

炭鉱では、何百人もの労働者が働いていたが、農村では生きていけないので農村から出てきた人が多かった。同じように農村から来たといっても、働くために自らの意思で炭鉱に来た人と強制的に連行されてきた人とがいた。連行されてくる人は河南省とか山西省南部の長治の人が多く、そういう人がどんどん入ってきた。しかし、強制的に連行されてきた人にもけっこう自由があり、自発的にやって来た人と待遇も同様で、脱走することなどはあまり無かったようだ。ただし、強制的に連行されてきた人の数は馬さんには分からない。

仕事は、朝六時から夕方六時までの勤務と、夕方六時から朝六時までの勤務の二交代制で、一日に一二時間働いた。大人の給料は一日当り七角か八角で、子どもはその半分の四角だ。馬さんも童工として給料をもらったが、子どもである馬さんにとって四角はけっこう良い給料だと感じていた。

当時の白家庄には採炭所が二カ所あり、馬さんが働いていたところは西北採炭所と呼ばれていた。炭鉱に日本人が何人いたのかは分からないが、作業現場で見かける日本人は少数で、彼らは軍人の制服ではなく普通の服を着ていた。監督をしている日本人には会うたびに殴られるので、それが恐かった。事務方の日本人については馬さんは何も知らない。

最初は人の力で石炭を掘ったが、後に機械が導入された。当時の新型の機械だったが、故障すると中国では修理ができず、補修部品を日本から飛行機で運んできて修理していた。

石炭採掘現場に安全設備は何もなく事故が多発し、負傷者だけでなく死者もたくさんでた。犠牲者の数は馬さんには分からないが、亡くなった人に家族がいれば家族が遺体を引き取り、家族がいなければ高家河村にある深い谷に遺体は捨てられた。

馬さん自身も一九四〇年に落盤事故にあい死にそうになったことがある。その落盤事故で弾き飛ばされた馬さんは背中などに大怪我を負い、兄に背負われ病院に担ぎ込まれた。そのあと長期間寝込んだが、両親に支えられ命は取り留めた。その時の怪我の跡は馬さんの背中に今も残っていて、話をしながらシャツをまくりあげ背中の傷跡を見せてくれる。

労働者は大部屋に住んでいたが、住居など生活環境は相当に悪く、食料不足にも苦しんだ。そして、毎日一二時間にもおよぶ厳しい労働と栄養不良で身体をこわし病気になる人がたくさんいる。

労働者が体調をくずし病気になり伝染病だと見なされると、他の人に感染を広げないため、炭鉱に近い高家河村にある隔離部屋に収容される。そして治療もされず放置され、たくさんの人が死亡した。馬さんも、亡くなる人をよく見た。死んだ人は、高家河村にある隔離部屋の目の前にある谷に捨てられる。その谷が、馬さんが高家河村の万人坑と呼ぶ人捨て場だ。

馬さんにとって幸いなことは、父も兄も含め馬さんの家族で重い病気になったり身体をこわす人はいなかったことだ。一方、馬さんの叔父になる父の弟は、白家庄炭鉱で二カ月か三カ月働いただけで故郷の河北省に帰った。そのあと、叔父とその息子の二人は日本に強制連行され、一人は日本で死亡し、解放後に帰ってきたのは一人だけだ。

炭鉱周辺の南山と北山に砲台があり日本軍が駐屯していた。砲台に行き来する日本兵を見ることはあるが、馬さんが砲台に行くことはなく、日本兵と接触することはなかった。日本兵は銃を扱うのが上手だと聞いたが、日本兵が地元の住民を殺すようなことはなかった。この日本軍を抗日軍の遊撃隊が夜間に襲撃したことが二度ある。遊撃隊は事務所を襲ったり駅を焼いたりした。

さて、「山西省・明らかにする会」が取り組む主要問題は日本軍の性暴力だが、白家庄について説明する中で性暴力についても馬さんは話している。

白家庄で現在稼動している石炭火力発電所の構内に、ヤオトンの部屋が十数軒並ぶ十軒房と呼ばれる住居があり、十軒房は「慰安所」だったかもしれないと何清さんは指摘するが、十軒房は日本軍の事務所だったと馬さんは明言する。

馬さんがお年寄りから聞いた話では、近辺に「慰安所」は無かった。日本人はたくさんはいなかったし、だいたいは家族同伴だ。ただし、砲台にいる日本兵で家族がいない者に「慰安婦」を斡旋する話は聞いたことがある。

馬さんは一九三七年までは故郷の河北省に住んでいたが、故郷では、日本兵が若い女性をヤオトンに連れ込み強姦するところを見たことがある。

アヘンについては何清さんが、当時は労働者に給料代わりにアヘンを渡すことが行なわれ、労働者はアヘン欲しさに炭鉱の仕事をやめれなかったと事前に説明してくれている。このアヘンについて馬さんは、炭鉱でアヘンを売っていたのは事実で、売っていたのは中国人の管理者だったと証言する。

今回の訪中団の最年少者は大学三年生の岡村好恵さんで、前年の九月から蘇州大学に留学していて、今回は蘇州から汽車で太原にやってきた。馬さんの話に区切りがついたところで、日本の若者や学生に望むことは何かと若い岡村さんが質問すると、馬さんは次のように簡潔に答える。

日本の中国侵略に対し日本の人民に責任があるわけではない。今の日本のニュースを中国人はテレビでよく見るが、日本人は中国に来て中国をよく見て、そして中日両国の関係を平和なものにしてほしい。

日本の中国侵略について質問されると、天皇を頂点とする指導者に侵略の責任があり、日本の一般民衆は被害者であって責任はないとほとんどの中国人が答えるが、馬さんの短い答えの基にこんな考えがあるのだろう。

馬さんは、一九四五年の日本敗戦の後も炭鉱でずっと働き、一九八四年に退職した。退職時の給料は一〇〇元で、今は月に一八〇〇元の年金を支給されていて満足しているとのことだ。

馬さんの話に一旦区切りをつけると一〇時三五分になっている。馬さんは一時間半くらい休みなしで話してくれたことになる。話に熱が入った馬さんは、背中の傷を見せてくれたときに脱いだ上着を脇に置いたまま話し続けてくれた。

趙春生さんと炭鉱労働者だった父の話

趙春生さんの父の趙金玉さんも白家庄炭鉱で働いていた。そして、趙金玉さんは文化大革命の時代に抗日戦争中の辛い体験をいろんなところで講演し、それがきっかけで昔の苦しい体験を趙春生さんに話し始めたとのことだ。

その父から聞いたことを趙春生さんはあれこれ話してくれる。馬成棟さんの話に続けて趙春生さんが話す父・趙金玉さんの体験は次のようだ。

趙金玉さんは一九三〇年生まれで、幼い頃に父（趙春生さんのおじいさん）を亡くした。そのため田舎で生活できなくなり、一九四一年の秋に、白家庄に住み炭鉱で働いている叔父の家に来た。叔父は陽泉から白家庄に強制連行されてきた人で、日本軍に食事を提供する仕事をしていた。

趙金玉さんは白家庄で童工として働くことになり、砲台の日本兵に食事を届けることも趙金玉さんの役割とされた。木製の箱に料理を入れて山の中腹にある砲台まで届けるのだが、料理をこぼすと日本兵に殴られ、食事が気に入らないといっては殴られ、そして、言葉が通じないといって更に殴られた。

一九四二年に趙金玉さんはチフスに罹る。伝染病なので高家河村の隔離部屋に収容されるが、生きたまま捨てられるようなものだ。治療を受けることもできないまま隔離部屋で死んだ人は、すぐ目の前にある深い谷に捨てられたが、ていねいに埋葬されるわけではないので、谷の端から遺体や遺骨が直接見えた。

ある日の夜中に隔離部屋で目が覚めたとき、趙金玉さんは部屋から抜け出し、近くを通りかかった男に、叔父に事情を伝えてくれるように頼む。そして、ネズミに耳をかじられたこともある隔離部屋から叔父の家に趙金玉さんはようやく戻ることができた。しかし、叔父の家に戻っても薬などは何もなく、きちんとした治療を受けることはできない。それでも、三カ月経つと病気は治った。しかし鼻に傷が残り、その傷で辛い思いをする。

趙金玉さんの病気は治ったが、日本兵に食事を運ぶ役割はできなくなり、炭鉱の現場で働くことになる。炭鉱では、日本人監督官の気に入らないことがあると、安全点検用のカナヅチで殴られた。その後、事故やガスで労働者がたくさん死んでいくのを見て恐くなり、趙金玉さんは炭鉱で働くのを一度やめる。しかし、他に仕事は無く、もう一度炭鉱に戻らざるをえなかった。

一九四三年くらいになると石炭の必要性が一層強まる。そのため労働が強化され、一日に一二時間以上働かされたこともある。

強制連行されてきた労働者が収容されている所は鉄条網で囲まれていたが、叔父は共産党と秘密裏に関わっていて、共産党の遊撃隊が入ってくると手伝いをした。

趙金玉さんは一九四三年まで白家庄炭鉱で働き、炭鉱をやめて宿舎を出たあとも白家庄に住み、修理工として働いた。

趙春生さんは、父の趙金玉さんから聞いたことを以上のように話してくれた。馬成棟さんも趙さんの話に真剣に聞き入っていた。一通り話を聞いたあとあれこれ質問すると、趙春生さんは次のように答えてくれる。

趙春生さんは一九五七年生まれで五一歳。現在は、白家庄にある多種経営公司という会社で清掃隊の責任者を務めている。

十軒房は、白家庄炭鉱を管理する事務所として使われたところで、部屋は今もそのまま残っていて、趙春生さんが会社に行くとき十軒房の前をよく通る。日本軍の占領下で日本軍が管理していた十軒房を愛国教育基地として保存しようという意見はあるが、保存されるかどうかは分からない。炭鉱周辺に「慰安所」はなかった。しかし、日本軍の砲台に女性が連れ込まれたことはあるかもしれない。昔の日本軍のことを聞いて日本を憎んでいる。日本の侵略戦争は中国人に多大な災禍をもたらした。中国が戦争で甚大な被害を受けたことは事実であり、歴史を消すことはできないし忘れてはいけない。このことを日本政府は認識すべきだ。

過去の歴史を理由に、いつまでも日本を憎んでいるわけにはいかない。誰もが平和を願い、戦争を望んではいない。だから、日本政府は歴史を尊重し過去を認めないといけない。過去を認めて謝罪すべきだ。その上で、真の中日友好を願っている。

質問に答える中で、趙春生さんはこんなことを話してくれた。大勢の初対面の日本人に向かって日本政府を正面から批判する中国人に私はあまり出会ったことがないので、趙春生さんの話は新鮮で少し驚いた。中国人の多くがそのように考えているのは当たり前のことだが、ほとんどの中国人が言葉に出してそう言わないのは、遠来の客人に失礼なことは言わないように気を使っているだけのことなのだろう。

趙春生さんの話が終わると一一時一五分になっている。

閻錫山軍と日本軍の砲台

馬成棟さんと趙春成さんから話を聞いたあと、小型バスに乗り育英小区（団地）を出発し、馬さんと趙さんの案内で白家庄の石炭火力発電所に向かう。かつて白家庄炭鉱の事務所があったところで、その裏山には、閻錫山軍の砲台と日本軍の砲台が残っているとのことだ。

石炭火力発電所は育英小区のすぐ近くにあるが、発電所の前の道路が渋滞していて移動に一〇分ほどかかり、一一時半頃に発電所の構内に到着する。この発電所の中で趙春生さんは働いている。

発電所の構内には鉄道（トロッコ）線路が何本も敷設されていて、トロッコと表現するのがぴったりの石炭搬送用の小さい貨車が連結され大量に停まっている。石炭を運ぶ大型のトラックもたくさん走っている。構内に山積みにされている黒い石炭と、空に突き刺さるような巨大な白い煙突が、石炭火力発電所が稼動していることを実感させる。

発電所の裏手は、敷地の境からすぐになだらかな山になっていて、その山の斜面を巧みに利用し住宅がたくさん建てられている。ここに、発電所の労働者が大勢住んでいる。

その山手にある住宅の間を通り五分ほど坂道を上ると、閻錫山軍が造った砲台がある。直径六メートル、高さ三メートルくらいの円筒形の砲台で、石とセメントで頑丈に造られている。この砲台があるのは、周囲に住宅が建ち並んでいるところで、石炭火力発電所を真下に見下ろす位置になる。

民家の脇を通り抜け更に五分ほど山道を登ると、日本軍が造った砲台がある。ここまで登ると周囲に民家

日本軍の砲台

北山にある日本軍の砲台はかなり崩れている。ここから白家庄の街並を一望できる。

は見当たらず、自然の山の中に砲台が一つだけぽつんとある。日本軍の砲台は閻錫山軍の砲台より大きく、幅も高さも倍くらいある感じだが、石とセメントで造られた砲台の三分の二くらいは崩れている。この砲台を白家庄の人たちは北山の砲台と呼んでいる。この辺りは、背丈の低い枯れ草が地表をわずかに覆うばかりで、大きな樹木はほとんどなく、背の低い木がぽつんぽつんと生えているだけだ。

白家庄炭鉱を監視するための砲台であったのだろうから当然のことだが、北山の砲台から白家庄の街並みが一望できる。街の中に見える緑がかった建物は現在の小学校だが、かつてそこに炭鉱労働者の宿舎があった。労働者が収容されているところは鉄条網で囲まれていたと趙春生さんが話してくれたが、あの場所も鉄条網で囲まれていたのだろうか……。

石炭火力発電所が眼下に広がるが、その裏山に設置された日本軍の砲台の位置よりはるかに高い一本の巨大な煙突が偉容を放っている。途中まではセメント色そのものだが、上部は赤と白に塗り分けられた煙突は派手で目立つ存在だ。

白家庄の街並みを挟んで向かい側に南山がそびえている。馬成棟さんの話にでてくる高家河村は、南山を少し登ったところにある。

北山の日本軍砲台跡で、白家庄の町を眺めたり周辺の山並みを見渡したりしたあと山を下りる。眼下に見える集落では牛を飼う民家が多いようだ。立っている牛は少なく、多くが腹を地面につけ「座って」いる。

十軒房

北山から下りて石炭火力発電所に戻り、今はおそらく使われていない鉄道（トロッコ）線路に沿って敷地内を少し歩くと十軒房の前に出る。カマボコ型の断面のヤオトンの部屋が十数軒並んでいるのが十軒房で、出入口側の頑丈そうな壁面はレンガを積んで造られている。ヤオトンの部屋の幾つかは入口や窓がレンガで閉鎖されていて使われていないが、窓や入口がきちんとしているヤオトンの部屋は倉庫や事務所などとして今も使われているようだ。

十軒房の上部の二階にあたるところには、レンガ造りの普通の平屋の建屋が建っている。十軒房のすぐ前には、まるで歩道のように鉄道線路が敷設され、線路に平行して車道が通っている。その車道を、石炭を運ぶ大型トラックなどがけっこう頻繁に走る。車道を挟んだ反対側には発電所の大きな建物が並んでいる。

一二時一〇分頃にバスに乗り発電所を出発する。そして、大型トラックが列をなしている発電所出口のすぐ近くにある幹線道路沿いの食堂に入り、ビールも飲みながら少々贅沢な昼食をゆっくりと楽しむ。この食堂は趙春生さんが接待でよく利用するとのことだ。食事を終えたあと、残った料理を李貴明さんが持ち帰り用の容器に入れ、馬さんに持ち帰ってもらう。食べ残した料理の持ち帰りは今は普通のことだそうだ。

馬成棟さんが働いた白家庄炭鉱

昼食を終え、午後二時頃に食堂を出発する。バスはすぐに幹線道路を外れ、南山の登り坂に入る。そして未舗装のデコボコ道を登っていくと、食堂を出発してから一〇分ぐらいで、山の中の谷沿いにある白家庄炭鉱跡に着く。土砂でかなり埋まり、数メートルから一〇メートルくらいの深さになった谷を挟んで両側に平地が少し開けているところだ。

谷の右岸側には、民家が一〇軒くらい道路沿いに建ち並ぶ小さな集落がある。その集落の中を、天秤棒の両側に水桶のようなものを吊り下げて運んで歩く男がいる。犬を飼っている家もある。谷の上流に見える高い山の方に向かい谷の右岸側の山道を歩く、遠目には高齢の夫婦のように見える二人連れもいる。二人とも天秤棒を肩にかつぎ、荷物を天秤棒にぶら下げている。二人が歩く先には民家などは一軒もなさそうで、山道がただ続くばかりだが、山の中にある畑に農作業にでも出かけるのだろうか。

そんな様子の集落の反対側になる左岸側に、かつての白家庄炭鉱の跡が残っている。左岸側の、集落の向い側になる辺りには石造りの建物がたくさんあったようだが、今はほとんど壊れてしまっていて、瓦礫の山になっている。その建物跡の瓦礫の手前でバスを降り、馬さんの説明を聞きながら白家庄炭鉱の跡を見て回る。

今は崩れ落ちている何棟もの石造りの建物は日本軍が建てたもので、一九七二年までは壊れずに残っていたとのことだ。一部が当時のまま残っている巨大な壁を見ると、相当に大きな建物もあったことが分かる。

右岸側にある民家と同じようなレンガ造りの平屋の建物が左岸側にも二棟ある。この二棟は壊れたようすはないが、今は使われていないようだ。

その前を通り過ぎ、谷の下流の方に少し歩くと、山の斜面が急な崖になり少し窪んだところがある。そこが、白家庄炭鉱の三番目の坑口がかつてあったところで、この三番目の坑口から入る炭鉱の坑内で馬成棟さんは童工として働いていた。馬さんが働いていた頃は、石炭を地下から吊り上げて地上に運び出し、そのあと、日本軍が作った橋の近くにある駅まで石炭を馬車で運び、汽車に積み込んだ。

白家庄炭鉱跡

白家庄炭鉱の古い坑口は閉鎖され、たくさんの建物が崩れ落ちた廃墟だけが残っている。

白家庄炭鉱自体は現在も操業中だが、この辺りでの採炭は中止されたので、三番目の坑口は今は土砂で固められ封鎖されている。事業としての採炭を中止したあと、炭鉱とは縁のない人たちが勝手に石炭を掘って持ち出していたので、政府が坑口を土砂で埋めて封鎖したのだが、いつ封鎖されたのか馬さんは知らない。

封鎖された三番目の坑口の背後に見える山の稜線に沿って鉄塔が建ち並び、高圧電線が延びている。白家庄石炭火力発電所の電気は山並みを越え西方にも送電されるようだ。そんな情景を見ながら午後二時四〇分頃に三番目の坑口跡をバスで出発する。

隔離病棟跡
病気になった人が隔離される十数軒の部屋がこの辺りにあった。今では部屋は一軒も残っていない。

高家河村の万人坑

三番目の坑口跡から谷沿いにバスで下ると、二分か三分で高家河村の万人坑に着く。この辺りの谷は今では土砂ですっかり埋まってしまっていて、細い溝のようになった谷川には水がわずかに流れるだけだ。谷川の左岸側の現在は道路が通っているところも、かつては深い谷だったところだ。この谷川の右岸側に平坦な土地が少し広がり、谷川に近いところにレンガ造りの民家が一軒建っている。そこに一家族くらいが住んでいるようだ。

一九三八年に両親らと共に白家庄に移住してきた馬成棟さんは、ここから山を下りたところにあったヤオトン様式の土の家に住み、鶏の鳴き声で時を知っていた。それから約七〇年後のこの日、馬成棟さんは高家河村の万人坑の前に立ち、日本の侵略当時のことを、身振り手振りを交えて説明してくれる。

日本の侵略当時のこの辺りはとても深い谷であり、水量の少ない谷川が深い谷の底を流れていた。そして、谷の右岸側の少し山側に入ったあたりを通っていた当時の山道の右手に、病気になった人が収容される十数

高家河村の万人坑
人捨て場にされた谷の跡。当時は深い谷だったが、今では土砂ですっかり埋まり、浅い溝のようになっている。

軒の隔離部屋が並んでいた。

収容された人が手当てもされず放置されたまま死亡すると、谷の右岸側の崖の上から谷に投げ込まれた。谷から遺骨が出てくるのはこの辺りのことだ。

コレラが流行したときもたくさんの人が死んだ。趙春生さんの父の趙金玉さんがチフスに罹り収容されたのもここにあった隔離部屋だが、趙金玉さんは部屋を抜け出し、山を下る人に助けてもらうことができた。

馬成棟さんが万人坑と呼ぶ人捨て場は白家庄炭鉱周辺では高家河村の万人坑が一カ所あるだけとのことだ。その万人坑があるこの辺りは、この季節は枯れ草が地表をわずかに覆い背丈の低い木々がまばらに生えているだけで、高い樹木はほとんどない。また、十数軒あった隔離部屋も今は一軒も残っていない。そして、ここに捨てられた人数がどれくらいになるのかは分からない。

かつての白家庄炭鉱と高家河村の万人坑を案内しながら身振り手振りを交え説明する馬成棟さんは声に張りがあり、とても元気なようすだ。当時のことを直接には知らない趙

馬成棟さん（手前中央）と趙春生さん（奥）
馬成棟さんが、身振り手振りを交え高家河村の万人坑について説明してくれる。

春生さんも馬さんの話を真剣に聞いている。

白家庄の古い街並み

午後三時過ぎに高家河村の万人坑を出発する。ここから白家庄の街に出るのにちょっとした峠を越えるのだが、峠の辺りに変電所と民家がある。その峠からデコボコ道を下り幹線道路に出る少し手前に、現在も操業している白家庄炭鉱の坑口の一つがある。その入口中央部に「行人井」と表示され、坑口に向かって右側の出入口に「入口」、左側の出入口に「出口」と案内されている。

その坑口を通過するとすぐに幹線道路に出る。高家河村の万人坑からここまでバスで数分くらいの距離だ。そして一分か二分で、解放街と呼ばれるところに着き、バスを降りてしばらく散策する。かつて炭鉱労働者や管理人が住んでいた昔のままの街並みが残る土沟という地区で、馬さんは当時ここによく遊びに来た。

土沟には、赤みがかった日干しレンガを積み上げて作られた民家がびっしりと並ぶ。主要な通路は幅が三メートルくらいあるが、多くの路地は幅が一メートルほどしかなく、人がやっとすれ違えるくらいだ。そういう路地が街中に張り巡らされている。

集落の中にある少し開けたところは、集会や演劇などが行なわれた舞台と呼ばれる所で、ここにある大木は昔から生えていたことを憶えていると馬さんは話す。日本人（外国人）が大勢で来るのがめずらしいのか、住民が近づいてきて話しかけてきたり、少し遠巻きに見ていたりする。小さな子どもたちもたくさんいる。

土泃の街並を三〇分ほど散策したあとバスに乗り、馬さんの住む育英小区に数分で着き、ここで馬さんと趙さんと別れる。昼食を食べた食堂で残った料理を詰めた持ち帰り容器を入れた袋を手に提げ家に帰る馬さんはとても嬉しそうだ。かつての炭鉱の話を聞きに来た日本人にいろいろ話ができたことを喜んでくれるのであれば嬉しいことだ。

馬さんと趙さんと別れたあと、バスは太原市内のホテルに向かう。白家庄を訪ねた一行はこうして貴重な経験をしたが、一方で、石田さんら日本側三名と趙金貴さんと魏雨冰さんの五名はホテルに終日缶詰になり、武郷展のパネル原稿制作に没頭していた。さらに、池田さんと趙さんと魏さんの三名は次の日もパネル原稿制作に忙殺されることになる。

黄土高原の農村へ

太原で過ごす実質三日目の三月二二日は、太原市内にあるホテルを朝八時半頃に出発し、小型バスで黄土高原の農村に向かう。万愛花さんも家族と共に同行している。太原から盂県方面の農村に向かう高速道路は快適で、バスは快調に走る。

太原の郊外は全体としては起伏が少ないなだらかな盆地状の平原で、ずいぶんと遠巻きに周囲を山脈が取り囲んでいる。近くに目をやると、川の流れが大地を深くえぐり、大小の切り立つ崖や険しい谷が目立つ。ほとんど垂直に近い崖も多い。切り立つ崖にはヤオトンの住居がたくさん連らなっている。

周辺には森や樹林はなく、枯れ草が地表をわずかに覆うばかりで、全体としては沙漠に近い乾燥した大地だ。大地を深くえぐる川には水が流れておらず、涸れ川になっている。この乾燥した大地を緑化するためあちこちで植林が行なわれているが、大きく育つところまではまだいかず、木々の背丈は低い。広い平坦な農地には、この時期はまだ何も育っていない。

高速道路を降り一般道に入ると、デコボコの悪路が頻繁に現われる。悪路に入ると、私たちのバスも他の車も歩くような速さで進むが、座席に突き上げられ身体が宙に浮くこともしばしばある。荷物を満載する超大型のトラックはまさにあえぎながら進むという感じだ。悪路を抜けまともな道になっても、しばらくするとまた悪路になるということを繰り返す。しかし、「明らかにする会」の人たちが黄土高原の農村を訪ね始めた頃に比べれば、道路が格段に良くなっていることも事実だ。

尹玉林さんとかわいい曾孫

遠くに見えていた山脈に近づき道が少し上り坂になり、それからしばらくすると、尹玉林さん宅がある集落に着く。赤茶色のレンガ造りの民家が建ち並ぶ静かな落ち着いた集落だ。天気は快晴で青空が広がり雲一つない。

尹玉林さん宅の庭には、秋に収穫されたトウモロコシが、ところどころにまだ山積みにされている。一一月のトウモロコシは輝くような黄金色で実はつやつやしていたが、三月のトウモロコシは少し色あせ、実の張りも若干なくなりかけているようだ。もちろん、トウモロコシの量も秋より少なくなっている。

尹玉林さんのヤオトンの住居

黄土高原に特有のヤオトンの住居は、冬は暖かく夏は涼しく快適に過ごせる。


切り立つ山の斜面に造られたヤオトンの住居に住む尹玉林さんを訪ねると、窓際にある炕《カン》と呼ばれるオンドル（床暖房装置）に座り、日本と中国の友人を迎えてくれる。

万愛花さんが尹玉林さんの隣にさっそく座り、手をにぎって声をかける。元気な万愛花さんに励まされる尹玉林さんの身体の調子は快調とは言いがたいようだ。足が痛い、歯が痛くて物を食べれないなどと身体の不調を話す尹玉林さんは、そういう自身の体を「人間でなくなった」と表現する。その尹玉林さんを励ます万愛花さんの「しっかりしなさい」というような言葉は、日本人の感覚だとやさしい言葉ではなく、かなりきつい言葉のように感じる。

尹玉林さんの隣には、小学校入学前くらいのかわいい女の子がいつのまにか座っている。尹玉林さんの曾孫で、大勢の客人

尹玉林さん（左）と李貴明さん（右）
尹玉林さんの手をにぎり励ます李貴明さん。その奥に万愛花さんが座っている。

に囲まれても物怖じしないでニコニコしている。

孟県の農村に住んでいる李貴明さんは、性暴力被害者とその家族を地元で支える得難い人だが、李貴明さんも尹玉林さんの手をにぎり声をかけ、尹玉林さんの体調を気づかう。

前の年の一一月に訪問したときの写真を私が尹玉林さんに渡すと、万愛花さんがあれこれ補足を加えて説明してくれる。その写真を見て尹玉林さんが本当に嬉しそうな顔をするので私も嬉しくなる。

白い大きな器にリンゴがたくさん入れてあり、リンゴを食べろ、リンゴを持って帰れと尹玉林さんが私たちにしきりにすすめてくれる。日本の店頭で売っているリンゴより二回りくらい小ぶりのリンゴで、尹玉林さんにすすめられるままにリンゴを食べ、リュックにも何個か詰める。

尹玉林さんの息子のお嫁さんがヤオトンの部屋に来たところで、武郷展（日本軍性暴力パネル展）の開催が決定したことを石田さんが伝える。そして、開幕日の五月五日にいっしょに武郷へ行こうと誘うと、尹玉林さんの健康状態が良ければ、付き添っていっしょに武郷に行きたいとお嫁さんは答える。武郷を訪ねる日を尹玉林さんも楽しみに待っていてくれるだろう。

やがて出発の時になり、「明らかにする会」の人たちは武郷展での再会を約束し尹玉林さんと別れる。尹玉林さんの息子のお嫁さんは、バスを停めてある集落の入口まで見送りに来てくれる。

李貴明さんのお母さんのお墓まいり

前の年の一一月二日に「明らかにする会」の人たちは李貴明さん宅を訪ね、病床に伏せる李貴明さんのお母さんを見舞ったが、そのあと、家族の懸命の看病と「明らかにする会」の人たちの願いもむなしく、一一月一六日に李貴明さんのお母さんは亡くなる。一一月二日のお見舞いからわずか二週間後のことで、享年七七歳（数え年）だった。「明らかにする会」の人たちが盂県の性暴力被害女性と出会うきっかけを作り、その後も、被害者の支援と「明らかにする会」との交流を続けてきた李貴明さんのお母さんは、関係の人々にとってかけがえのない人だった。

さて、尹玉林さん宅を出発した「明らかにする会」の一行は、次は李貴明さん宅に向かう。「明らかにする会」の人らは、李貴明さんのお母さんが亡くなってから三カ月後のこの日にお墓参りがようやくできるのだ。早春の黄土高原はモヤがかかる日が多いとのことだが、この日はすっかり晴れわたり、周辺の山々も鮮明に見える。

西煙鎮の李貴明さん宅に着くと、小学校高学年くらいの女の子二人が畑の前で待っている。李貴明さんの娘と李貴明さんの弟の娘で、二人をバスに乗せお墓に向かう。お墓までは、李貴明さん宅から歩いても五分くらいの距離で、集落西方に広がる畑の中のちょっとした崖のところにお墓がある。その周囲には畑と草原が広がっている。李貴明さんのお母さんのお墓の新しい土饅頭には、地元の風習に従い木の枝が立てられている。この新しい土饅頭の隣に、やや古い土饅頭が二つ並んでいて、その一つは李貴明さんのお父さんのお墓だ。

　赤レンガを五段くらい積んで作った祭壇に草花と食べ物や飲み物など供物を供え、お墓の脇で李貴明さんが火を燃やす。そして、一人一人順々に祭壇の前にひざまずき手を合わせ、土饅頭の上に線香を立て冥福を祈る。この時のことを加藤修弘さんは、「『この土地の人々みんなが平和で幸せに暮らせるよう、お守りください』と語りかけながら、地面についた手の平に感じる土の感触を、まるで彼女の手の平のようだ、と思っていました(注一六)」と記している。

　李貴明さんの娘と李貴明さんの弟の娘は、手を合わせて祈る人を祭壇の横でじっと見つめている。遠い日本や都会の太原などからやってきたたくさんの人が彼女らのおばあさんの墓前に手を合わせる情景は、何かしら忘れがたいものを彼女らの心に残すのだと思う。

　お墓参りをすませ、バスで李貴明さん宅まで戻り、二人の娘はここでバスを降りる。そして、太原からやってきた一行は張先兎さん宅に向かう。

笑顔が素敵な張先兎さん

　前の年の一一月には、張先兎さん宅の広い庭には大量の黄色いトウモロコシが山積みにされていた。しかし、この三月の訪問時には庭のトウモロコシは姿を消していて、庭に生えている木の枝に飾りのようにトウモロコシがからげられているくらいだ。枝にからげられたトウモロコシは、秋には輝くようなあざやかな黄金色だったはずだが、今は乾燥して白っぽくなり艶がなくなっている。

さて、張先兎さんは、いつもの南向きの部屋で元気よく迎えてくれる。日本と中国の遠来の友人とあいさつを交わし手をとりあい言葉をかわす張先兎さんはとても元気そうで、表情が豊かで生き生きしている。何よりも笑顔がすてきで、友人らとの再会を心から喜んでいることが分かり、訪ねていった方も嬉しくなる。万愛花さんと二人で手をとりあい話し込んだり、『出口气』最新号を見ながら石田さんから説明を受けたり、前年の一一月の写真に見入ったり……、張先兎さんの表情は豊かだ。張先兎さん宅のお嫁さんも話の輪に加わり武郷展の話を伝えられると、五月の開幕時には張先兎さんといっしょにお嫁さんも参加すると約束してくれる。

最後に、張先兎さんの部屋の前に全員が並んで記念写真を写す。

趙潤梅さんの娘さん宅にて

張先兎さん宅で楽しい一時を過ごしたあと、次は趙潤梅さんの娘さん宅を訪ねる。そこでは、王改荷さんの娘さんと高銀娥さんの娘さんもいっしょに待っていてくれた。

再開を喜び合い、元気に暮らしていることをお互いに確認し合ったあと、武郷展開催が決まり、五月の開幕に合わせて関係者が集まることを石田さんが伝えると、三人の娘さんは喜んで参加すると言ってくれる。三人の娘さんたちに石田さんが武郷展の話をするとき、「いっしょに聞かせてあげよう」と趙潤梅さんの遺影を加藤修弘さんが話の輪に加えている。

被害者の大娘《ダーニャン》の想いが娘さんたちに受け継がれ、日本の友人たちと心を通わせているのが嬉しい。炕《カン》（オンドル）に座り話を聞いている万愛花さんは、娘さんたちの世代がいっしょに行動してくれることを心強く思っていることだろう。

炕のある部屋に趙潤梅さんの遺影とスナップ写真が並べてあり、その前であれこれ楽しい話が続く。前回の訪問時のことが記された『出口气』や写真は娘さんたちに嬉しい思い出となるのだろう。

趙潤梅さんの娘さん宅で三人の娘さんと会ったあと、次は楊秀蓮さん宅に向かう。

楊秀蓮さんと河東村の子どもたち

河東村にある楊秀蓮さん宅の広い庭には、秋に収穫されたトウモロコシがまだ随分と残っていて山積みになっている。庭にずっと置かれたままのトウモロコシは、さすがに少し色あせている。その庭で、赤レンガを積んだカマドに火が焚かれ、煤で真っ黒になった大きなヤカンで湯が沸いているのを見ると心がなごむ。いつもタバコを手離さない地元の古老・楊宝貴さんも元気そうだ。さっそくお茶を飲み、果物やお菓子を食べながら話に花が咲く。

楊秀蓮さん宅では、お連れ合いの楊建英さんの手料理で歓待してもらえるのが大きな楽しみだ。山盛りの食材が厨房に準備されていて、料理を作る熱源は今回は二連のガスコンロだ。楊建英さんが軽やかな手つきで例の大きな中華鍋をあやつり、次々と料理が作られていく。

やがて、山ほどの料理が所狭しと食卓に並べられ宴会が始まる。ビールや白酒を飲みながら多種多様の旨い料理を食べ、いろんな話がとびかう。大きな器に鶏一羽が丸ごと入っているスープに驚くのは日本人だけのようだ。頭のついた鶏の写真を撮ったりでちょっとした騒ぎになる。料理長の楊建英さんもとても嬉しそうにニコニコしている。

おいしい料理を腹いっぱい食べたあと、今回初めて黄土高原を訪ねる蘇州大学留学中の岡村好恵さんら数名が、川見公子さんの案内で河東村の探検に出かける。

まずは、村の東側にある畑に出て羊馬山《ようばさん》を正面に眺める。秋に刈り入れされた畑にはトウモロコシの枯れた茎が残るばかりで乾燥した大地が広がり、平たい山頂の羊馬山がその先に居座っているという感じだ。羊馬山（ようばさん）の語源は、名前が分からない山を日本兵が単に「山」（やま）と言うのを聞いて中国人が「ヤマ山」（ヤマシャン）と呼び、その発音に対し「羊馬山」（ヤマシャン）という漢字を中国人が当てたので、日本兵が「ようばさん」（羊馬山）と呼ぶようになったことだと川見さんが説明してくれる。そんなことが語源なので、羊馬山と呼ばれる山は中国にたくさんあるようだ。

次に、河東村の中央を東西方向に貫く中心の通りを東から西に向かって歩く。小学校の校庭は草木が残らず刈り取られ整地されていて草の一本もない。そして、何が詰められているのか分からないが、黒い袋が何十個も校庭に並んでいる。

かつて中国人の警備隊が駐屯していた砲台と宿舎にしていた民家の間を通る路地で、小学校入学前くらいの小さい子三人が遊んでいる。その三人に脇順二さんがカメラを向けると、それなりのポーズを作って写真におさまってくれる。

性暴力被害者の南二僕さんが自ら命を絶った民家があった敷地を囲んでいるレンガ造りの外壁は、新しいレンガを積んで一部が補修されている。その外壁に作り付けられた門はこの日も閉じられたままなので、敷地の中の様子を知ることはできない。その近くを、幼い子三人を連れて通りかかった若い母親が、にこやかな笑顔で挨拶してくれる。

集落の西のはずれまで行ったあと、引き返して砲台の前に戻ると、荷台に野菜などを積み上げたトラックが停まっていて、村の人を相手に野菜などを売っている。秤で重さを量り売値を決めるようだ。村の中央を貫く通りには大型トレーラーも停まっている。何をそんなに運ぶのかと不思議に思う。また、馬を乗せたトラックも通るなど、この日は河東村で自動車を何台も見かける。

日本人の私たちが河東村を歩き回る間、村の小学生たちが私たちから少し離れたところをウロウロしていて、時々近くに寄ってきたりしていた。村の散策を終え楊秀蓮さん宅に戻り庭であれこれ雑談を始めると、若い岡村さんの手招きに誘われ村の小学生たちが楊秀蓮さん宅の庭になだれ込んでくる。男の子と女の子を合わせて一〇人くらいの元気な子どもたちだ。デジタルカメラに写る自分たちの姿を見て喜んだりでくったくがない。中国に対する侵略加害の事実を日本が認め謝罪と補償をきちんと済ませ、日本の子どもたちと中国のこの子らがわだかまりなく心からの友情を育み合える日を早く実現させたいと思う。

やがて、楊秀連さん宅を出発する時刻になり、楊建英さんと楊秀蓮さん夫妻や楊宝貴さんらに御礼をいい再会を約束し、太原に向け出発する。

太原に向かう途中の東梁で李貴明さんはバスを降り、ここで今回はお別れとなる。そして、張双兵さんらを乗せたバスは太原に向けデコボコ道を走る。

夕食懇親会

今回の山西省訪問の最後の夜となる三月二二日の夜は、ホテルの食堂で、夕食を兼ねたにぎやかな懇親会になる。盂県の農村をいっしょに訪ねた万愛花さんと家族や何清さん・張双兵さん・李書霞さんや日本の訪問団と、ホテルに缶詰になり武郷展のパネル原稿制作に没頭し疲れ果てたであろう趙金貴さんと魏雨冰さんと池田恵理子さんらが顔を会わせ、お互いの成果を伝え合い、いろんな話題を肴に料理と酒を楽しむ。

武郷展開幕が五月五日に決まり、大娘や家族に武郷展への出席を呼びかけたところ、万愛花さんと張先兎さんは問題なく出席、体調が良ければという条件付だが尹玉林さんも出席、亡くなった大娘の娘さんらも出席ということで話がまとまり、とても嬉しいことだ。

八路軍記念館の魏雨冰さんは日本のおとぎ話の「金太郎」に似ているというのが「明らかにする会」の人たちの意見なのだが、この日の懇親会の席で「明らかにする会」から魏雨冰さんに「金太郎」の人形が贈り物として手渡される。武郷展に向け「金太郎」さんにはたくさんの仕事をこなしてもらわないといけないので、これまでのパネル原稿制作の労をねぎらい、これからの活躍をお願いするという意味が込められているのだろう。

帰国

あとは、本質とは関係ない余談になるが……。

三月二三日は、成田（東京）に帰る組は、九時二〇分太原発の中国国際航空ＣＡ一一四七便で北京に行き、午後一時三〇分北京発の中国国際航空ＣＡ一六七便に乗り午後五時五〇分に成田に着く予定だった。そして、成田行きのＣＡ一六七便は北京空港をとりあえず飛び立つのだが、途中で引き返し北京空港に戻ってしまう。事故のため成田空港が閉鎖されているとのことだ。

飛行機内から外に出ることもできず、座席に座ったまま北京空港でひたすら待ち続ける。同じ機内に日本女子レスリングチームの一行も乗っていて、元気ににぎやかにおしゃべりを楽しんでいる。テレビなどを通して顔をよく知られている、オリンピックで何個も金メダルを獲得した有名な選手もいて、乗客からのサインの求めにも気軽に応じている。

そして午後六時五〇分に、二度目の離陸に向けＣＡ一六七便がようやく動き始める。大幅に遅れて到着した成田空港ではバスも電車も運行が終了していて、航空会社が準備する東京都心行きのバスが成田空港を出発する頃には日付は翌日になっていた。

（注一）内海愛子・石田米子・加藤修弘編『ある日本兵の二つの戦場―近藤一の終わらない戦争』社会評論社、二〇〇五年

（注二）青木茂著『日本軍兵士・近藤一―忘れえぬ戦争を生きる』風媒社、二〇〇六年

（注三）近藤一・宮城道良著『最前線兵士が見た「中国戦線・沖縄戦の実相」―加害兵士にさせられた下級兵士』学習の友社、二〇一一年

（注四）魏国英主編『八路軍記念館』山西人民出版社（中国）、二〇〇六年

（注五）石田米子・内田知行編『黄土の村の性暴力―大娘《ダーニャン》たちの戦争は終わらない』創土社、二〇〇四年

（注六）石田米子・内田知行主編、趙金貴訳『発生在黄土村庄里的日軍性暴力―大娘們的戦争尚未結束』社会科学文献出版社（中国）、二〇〇八年

（注七）張双兵著『炮楼里的女人―山西日軍性奴隷調査実録』江蘇人民出版社（中国）、二〇一一年

（注八）ｗａｍ中国展プロジェクトチーム制作『ある日、日本軍がやってきた―中国・戦場での強かんと慰安所』ｗａｍ、二〇〇八年

（注九）大森典子著『歴史の事実と向き合って―中国人「慰安婦」被害者とともに』新日本出版社、二〇〇八年

（注一〇）坪川宏子・大森典子編著『司法が認定した日本軍「慰安婦」―被害・加害事実は消せない！』かもがわ出版、二〇一一年

（注一一）「山西省・明らかにする会」の会報『出口气』第四九号（二〇〇九年四月一三日発行）の石田米子さんの報告。〔　〕内は青木が追記。

（注一二）ＶＡＷＷ‐ＮＥＴ　Ｊａｐａｎ編『裁かれた戦時性暴力―「日本軍性奴隷制を裁く女性国際戦犯法廷」とは何であったか』白澤社、二〇〇一年

（注一三）ＶＡＷＷ‐ＮＥＴ　Ｊａｐａｎ編『女性国際戦犯法廷の全記録Ⅰ』緑風出版、二〇〇二年

（注一四）ＶＡＷＷ‐ＮＥＴ　Ｊａｐａｎ編『女性国際戦犯法廷の全記録Ⅱ』緑風出版、二〇〇二年

（注一五）西山鉱務局白家庄鉱史編写組編『白家庄鉱史（一九三四年八月―一九九三年一二月）』太原市東方芸術図片社（中国）、一九九四年

（注一六）『出口气』第四九号（注一一）の加藤修弘さんの報告

あとがき

本書を通して読者の方々に「体験」していただいた、万人坑など華北に現存する日本の侵略加害の現場を訪ねる旅はいかかでしたか？　私の力不足のため、中国人が受けた被害の全てを伝えることはできないが、日本人が行なった侵略加害、あるいは、中国人が被った被害の凄まじさは理解してもらえたと思う。そして、このような侵略加害は二度と繰り返してはならないと感じてもらえたと思う。

さて、読者の方々が、二度と侵略してはいけない、二度と戦争してはいけないと思われるのと同様に、アジア太平洋戦争で多くのものを失い一九四五年の敗戦を迎えた日本人のほとんども、二度と戦争してはならないと思い決意したはずだ。しかし、敗戦から七〇年余を経た現実の日本は、「正当」な選挙を通して小泉や安倍という歴史改竄主義者を首相に据え、日本国憲法をないがしろにし、再び他国と戦争する国、言葉を正確に言い直すと、再び他国を侵略する（侵略できる）国に既に変わってしまっている。私たちの日本でいったい何が起きているのだろうか。

日本は、再び他国を侵略する国になった

安倍自公政権の下で行なわれたことをここで簡単に振り返っておこう。

二〇一四年七月一日に安倍自公政権は、「集団的自衛権」に基づく武力行使の容認を憲法を無視して閣議決定し、二〇一五年九月一九日未明に戦争法（「安保法制法」）を強行「採決」し、法として成立させた。最高法規の憲法に違反する法が成立するのであれば立憲主義は崩壊したということであり、日本はもはや法治国とは言えない。安倍自公政権が憲法も法律も無視し不当に支配する国になったのだ。

戦争法は、一一本の「安保関連法」を強引に二つにまとめた法律だが、そのうち「国際平和支援法」は、特措法なしで自衛隊を海外に常時派兵できるようにする海外派兵恒久化法であり、それまでは認められていなかった戦闘地域での後方支援（戦闘行為そのもの）を任務に加えることで戦争への直接参加を可能にする悪法だ。

戦争法のもう一つ「平和安全法制整備法」は、それまでは想定していなかった治安維持活動を任務に加え、任務遂行のための武器使用を認め、武器使用を伴なう非国連統括型活動への参加を容認している。さらに、最も重大な問題は、アメリカが他国に侵略し戦争を始めたら、そのアメリカの侵略戦争に日本が加担する集団的侵略権（「集団的自衛権」）を認めていることだ。

でたらめな理由をでっち上げてイラクやアフガニスタンを侵略し中東の現在の泥沼状態の元凶となり、ベトナム侵略戦争の記憶もいまだに鮮明なアメリカは世界最強かつ最悪の侵略国家だ。経済（金儲け）のためなら何とでも理由をでっち上げて武力侵略し、気に入らない他国を軍事力でねじ伏せるアメリカの実像は多くの人が認識していることだろう。そのアメリカが勝手に引き起こす侵略戦争に、アメリカの「ポチ（犬）」

に成り下がった（「ポチ」にしてもらったことを喜ぶ）安倍晋三が率いる日本が盲目的かつ積極的に参戦するのだ。世界の多くの人々と国々が、日本はアメリカの属国にすぎないことを改めて確認しただろう。

自ら仕掛けた侵略戦争に負けた今から七〇年余前の日本は、故郷の町や村が焼け野原になり、多くの大切なものを人々は失くした。しかし、その焦土の中で日本人は日本国憲法を手に入れ、「戦後民主主義」の時代を経て、二度と戦争しないと誓ったはずだ。それなのに、再び他国を侵略する国にこうも易々と何故変わってしまうのか？

「戦後民主主義」が本物だったのであれば、小泉や安倍が首相に選ばれることは有り得なかっただろうし、日本が再び侵略する国になることはなかったはずだ。しかし、日本の現実がそうではないのだから、「戦後民主主義」は虚妄であったと言わざるを得ないのではないかと思う。

「戦後民主主義」は何だったのか？

「戦後民主主義」の時代に、自らを良心的で民主的だと思う多くの人たちが熱心に語り伝えたのは戦争の悲惨さだ。しかし、そこで語られるのは、空襲や学童疎開や広島・長崎の原爆やシベリア抑留など日本人が受けた被害ばかりだ。日本が侵略した中国をはじめとするアジア各国の人々が被った被害、つまり日本の加害を語り伝えるのはごく一部の人たちに限られ、その想いが多くの日本人に受け入れられることはなかった。

そして、自らを良心的で民主的だと思う多くの人たちは、「戦争（戦闘）はダメだ、戦争（戦闘）してはいけない」と語り伝えたが、「侵略はダメだ、侵略してはいけない」とは語らなかった。それで良いのだろうか？

例えば、日本の侵略を受け故郷を踏みにじられていく中国の人たちは、迫りくる日本軍に抵抗しなければ、故郷の全てを奪われ全てを破壊され自分たちの命までも奪われる。そういう人たちが結束して抵抗し日本軍と闘う（戦争する）のは当たり前のことだ。戦争（戦闘）はいけないと語る人たちは、こうした人たちが置かれた状況に思い至ることができず、中国人の正当な闘い（戦争）もひっくるめて、とにかく戦争（戦闘）はダメだと語り伝えてきた。悪いのは侵略する日本であり、抵抗しなければ故郷も命も全て奪われる中国の人たちが抵抗して闘う（戦争する）のは正しいとは考えなかったのだろう。

さらに、重要なのは、侵略の本質は金儲けであることだ。「満蒙は日本の生命線」（松岡洋右）などと堂々と主張し、中国などアジア各国に日本が出て行ったのは、資源や食糧を奪い金儲けをするためであり、巨悪の主役は金儲けを狙う強欲な者たちや財閥や企業だ。しかし、敵対する国に丸腰で入るのは危険なので、用心棒として軍隊を養い、そして連れて行っただけのことだ。軍隊は脇役でしかない。

そして、脇役の日本軍が用心棒の務めとして引き起こしたのが、南京大虐殺をはじめとする膨大な数の虐殺事件や七三一部隊等による細菌戦や女性に対する性暴力などだ。一方、侵略の主役である、金儲けに奔走する強欲な者たちが行なったのは、数千万人の中国人を強制労働させ、金儲けのためのインフラ整備として道路建設などの土建工事を強行し、石炭や鉄などの資源を強奪し食糧を奪うことだ。

「戦後民主主義」を誠実に担ったつもりだった人たちの多くは、このような戦争責任・侵略責任に向き合わなかった。そのような、加害責任に向き合わない「戦後民主主義」は虚妄であったと言わざるを得ないのではないか。侵略の実態を知り、そして、戦争反対ではなく侵略反対と言わなければ、日本が再び戦争する国（侵略する国）になるのを防ぐことはできないと思う。

戦後民主主義は虚妄であった―その確認から出直そう

前項で勝手なことを主張したが、私は実は、社会科学や人文科学をまともに学んだことがない素人であり、無知ゆえに誤ったことを言っているだけかもしれない。だから、「戦後民主主義」の検証・確認と評価は、私が尊敬している本物の学者・安川寿之輔さんに頼りたいと思う。

安川さんは名古屋大学名誉教授で、専門家としての研究と市民運動に今も全力で取り組んでおられるが、福沢諭吉を近代日本の民主主義思想の偉大な先駆者だと天まで持ち上げた丸山眞男らの杜撰でデタラメで誤った「研究」の正体を暴き、福沢が実は近代日本のアジア侵略とアジア蔑視思想の先導者であったという事実を明らかにした学者として御存知の読者も多いと思う。

その安川さんが、『戦後民主主義は虚妄であった―その確認から出直そう』という表題の著書を年内（二〇一七年内）には出版される予定なので、「戦後民主主義」の確認と評価については安川さんの著書を読んでいただくということにして私は責任を逃れておきたい。素人の私には、「戦後民主主義」の評価などは荷が重すぎて不可能ということで御容赦いただきたい。あと、「戦後民主主義は虚妄であった」という言葉は、「華麗」な言葉使いで読む人を引きつける（惑わす）丸山眞男の、私は「大日本帝国の『実在』よりも戦後民主主義の『虚妄』の方に賭ける」という有名な言葉に由来することを付記しておく。

中国本土における強制労働について研究しませんか！

戦争責任の一つとして日本人が向き合わねばならない中国人強制連行・強制労働に話を戻すと、まえがきにも記したことだが、日本に強制連行してきた約四万人の中国人の強制労働について研究し発言し行動する人はたくさんいるが、数千万人が強制労働を強いられた中国本土（大陸）における中国人強制連行・強制労働について研究し発言する人はほとんどいないように思う。そして、脇役の日本軍が行なった南京大虐殺や七三一部隊や性暴力などについて研究し発言する人はたくさんいるのに、侵略の主役である金儲けを画策した者たちが行なった中国大陸における強制労働について研究し発言する人が少ない（ほとんどいない？）のは残念なことだと思う。

こういう情況の中で素人の私が願うのは、中国本土における強制労働について専門家・研究者にこそ研究し発言してほしいということだ。若手の研究者のみなさん、研究者をめざす学生さん、面白い研究課題だと思いませんか。

さて、あとは私的なことになるが、本書で紹介している「万人坑を知る旅」は、華北を訪ねた五回目の旅の後も続いている。興味・関心がある読者の皆さんの参加も歓迎するので、いっしょに中国各地を歩きませんか。

最後に、私たちが中国を訪ねるときにいつも同行し、たくさんのことを教えてくれる李秉剛さんに感謝の意を表わしまとめとしたい。

二〇一七年六月

青木　茂（あおき　しげる）
平和を考え行動する会・会員
撫順の奇蹟を受け継ぐ会・会員
日本中国友好協会・会員
長良川河口堰建設に反対する会・会員
アイヌとシサムのウコチャランケを実現させる会・会員
NPO法人ナショナルトラスト＝チコロナイ・会員

著書
『日本軍兵士・近藤一 ― 忘れえぬ戦争を生きる』風媒社、2006年
『二一世紀の中国の旅 ― 偽満州国に日本侵略の跡を訪ねる』日本僑報社、2007年
『万人坑を訪ねる ― 満州国の万人坑と中国人強制連行』緑風出版、2013年
『日本の中国侵略の現場を歩く ― 撫順・南京・ソ満国境の旅』花伝社、2015年

華北の万人坑と中国人強制連行――日本の侵略加害の現場を訪ねる

2017年8月15日　初版第1刷発行

著者 ―――― 青木　茂
発行者 ――― 平田　勝
発行 ―――― 花伝社
発売 ―――― 共栄書房
〒101-0065　東京都千代田区西神田2-5-11出版輸送ビル2F
電話　03-3263-3813
FAX　03-3239-8272
E-mail　kadensha@muf.biglobe.ne.jp
URL　http://kadensha.net
振替 ―――― 00140-6-59661
装幀 ―――― 佐々木正見
印刷・製本 ― 中央精版印刷株式会社

ISBN978-4-7634-0827-3 C0036

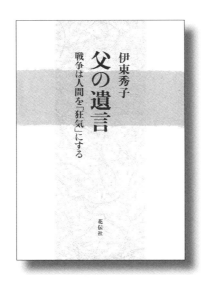